Otto Heinrich Frommel

Das Verhältnis von mechanischer und teleologischer Naturerklärung bei Kant und Lotze

Otto Heinrich Frommel

Das Verhältnis von mechanischer und teleologischer Naturerklärung bei Kant und Lotze

ISBN/EAN: 9783743461222

Hergestellt in Europa, USA, Kanada, Australien, Japan

Cover: Foto ©Thomas Meinert / pixelio.de

Manufactured and distributed by brebook publishing software (www.brebook.com)

Otto Heinrich Frommel

Das Verhältnis von mechanischer und teleologischer Naturerklärung bei Kant und Lotze

Das Verhältnis von mechanischer und teleologischer Naturerklärung bei Kant und Lotze.

Inaugural-Dissertation

zur

Erlangung der Doctorwürde

der hohen philosophischen Fakultät

der

Kgl. bayr. Friedrich-Alexanders-Universität Erlangen

vorgelegt

von

Otto Frommel
aus Karlsruhe.

Tag der mündlichen Prüfung: 17. November 1898.

Erlangen, 1898.
Druck der Universitäts-Buchdruckerei von E. Th. Jacob.

Seiner teuren Mutter

in Dankbarkeit.

Inhaltsübersicht.

	Seite
Einleitende Bemerkungen	9—11

Erstes Kapitel.
Das Verhältnis von mechanischer und teleologischer Naturerklärung bei Kant . . . . 11—29

I.
Allgemeine Prinzipien der Forschung 11

II.
§ 1. Der Mechanismus des Weltbaus 14
§ 2. Das Problem des Organismus und das Vernunftprinzip der Zweckeinheit 16
    a) Die äussere Zweckmässigkeit und die älteren teleologischen Theorieen 16
    b) Die innere Zweckmässigkeit und die Antinomie der Urteilskraft. Regulativer Gebrauch des teleologischen Prinzips 18
§ 3. Anwendung des teleologischen Prinzips auf das biologische Problem 21
§ 4. Anwendung auf das Naturganze. Der „Endzweck" und die Ethikoteleologie 27

Zweites Kapitel.
Das Verhältnis von mechanischer und teleologischer Naturerklärung bei Lotze . . . . . . 29—56

A.
Lösung der Frage vom Standpunkt der Wissenschaft erster Ordnung   29—43

I.
Allgemeine Prinzipien der Forschung 29

II.

§ 1. Das gute Recht des Mechanismus im Gegensatz zu den teleologischen Theorieen, insbesondere	
a) des Vitalismus	32
b) des Animismus	35
§ 2. Anwendung der mechanistischen Anschauung auf die Biologie	38
§ 3. Teleologie als heuristisches Prinzip	41

B.

Teleologie und Mechanismus vom Standpunkt der Wissenschaft höherer Ordnung . . . . 43—56

§ 1. Der Mechanismus und die geistigen Atome	44
§ 2. Der Mechanismus und die Geistnatur des tragenden Grundes	47
§ 3. Das Unendliche und die Frage der Ableitung des Endlichen aus dem schöpferischen Grunde	49
§ 4. Die regressive Interpretation und die letzten Rätsel	52

Drittes Kapitel.

Vergleichende Beurteilung des Lotzeschen und Kantschen Standpunktes . . . . 56—64

Schlussfolgerungen.

Über das Verhältnis von Philosophie und Naturwissenschaft 65—68

Erklärung der Abkürzungen in den Zitaten.

Kant: K. d. r. V.	= Kritik der reinen Vernunft (ed. Kehrbach).
K. d. U.	= Kritik der Urteilskraft (ed. B. Erdmann).
Lotze: Mikr. I. II III.	= Mikrokosmos 1. Band 1876.
	2. Band 1885.
	3. Band 1888.
Rel.	= Grundzüge der Religionsphilosophie. Diktate aus den Vorlesungen von Lotze 1883.
Gesch. d. Phil.	= Grundzüge der Geschichte der Philosophie seit Kant. Diktate aus den Vorlesungen 1883.
Med. Psych.	= Medizinische Psychologie 1852.
Allg. Phys.	= Allgemeine Physiologie des körperlichen Lebens 1852.
Kl. Schr. I. II. III.	= Kleine Schriften I. II. III. Band.
Streitschr.	= Streitschriften, erstes Heft 1857.
Metaph. 79.	= Metaphysik vom Jahre 1879.
Metaph. 41.	= Metaphysik vom Jahre 1841.

Einleitende Bemerkungen.

Teleologie und Mechanismus — mit diesen beiden Schlagworten sind die Pole bezeichnet, um die sich von Alters her der Streit über die Prinzipien theoretischer Naturforschung bewegt hat[1]). Zurück bis in die Tage eines Leukipp und Demokrit lassen sich die Anfänge mechanistischer Naturerklärung verfolgen, während Aristoteles mit Recht oder Unrecht, das mag hier unentschieden bleiben, als Vater der Teleologie angesehen wird.

Philosophen waren es gewesen, welche jene Frage: Mechanismus oder Teleologie zuerst aufgeworfen; und doch ist klar, dass erst im Zusammenhang und auf Grund der fortschreitenden empirischen Kenntnis der Natur die Frage wissenschaftlich beantwortet werden konnte.

Der Gegensatz, in welchem sich schon die Ansichten der alten Naturphilosophie über die Prinzipien der Forschung befanden, konnte an Schärfe nur gewinnen mit dem Augenblick, da die Naturwissenschaft als **selbständige Wissenschaft** sich von der Philosophie der Natur trennte.

Waren es früher naturforschende Philosophen, so sind es mit dem Beginn der Neuzeit philosophierende Naturforscher, welche unser Problem in Angriff nehmen.

Mechanische Naturerklärung mit Ausschluss aller Teleologie, das ist die Losung, welche zuerst Cartesius, dann nach ihm Spinoza mit wissenschaftlicher Unerbittlichkeit ausspricht.

---

1) vgl. F. Erhardt, Mechanismus und Teleologie 1890.

Ihnen gegenüber hat Leibnitz versucht, eine Einigung der beiden Gesichtspunkte herzustellen.

Zu einer Verständigung der streitenden Parteien hat sein Versuch nicht geführt. Gezwungen und künstlich herbeigeführt erschien die Mischung so ungleichartiger Prinzipien; wie von selbst traten dann auch in der Folgezeit ihre gegensätzlichen Bestandteile auseinander.

Unter einem veränderten Zeichen kämpfen in der Gegenwart die alten Gegensätze. Auf der einen Seite sehen wir die sogenannte „exakte" Philosophie, wie sie im Dienst der mechanischen Naturwissenschaft, von dieser sich ihr Weltbild vorzeichnen lässt, — auf der andern eine freilich verschwindend kleine Gruppe von Denkern[1]), die ebenso hartnäckig an ausschliesslich teleologischer Betrachtung festhält.

Dass dies Entweder-Oder, diese Spannung der Gegensätze dem Fortschritt der Erkenntnis nicht förderlich ist, lässt sich ohne weiteres einsehen. Dass sie aber auch heute noch nicht notwendig, beweisen die Systeme der beiden Männer, deren Naturansicht die nachfolgenden Blätter darstellen und vergleichen sollen.

Kant und Lotze, beide von Hause aus naturwissenschaftlichen Studien zugewandt und mit bedeutenden Arbeiten — der eine auf physikalischem Gebiet, der andere auf physiologisch-medizinischem — vor der exakten Wissenschaft legitimiert, ehe sie sich ausschliesslich philosophischen Untersuchungen widmeten: so haben sie vielleicht mehr als andere das Anrecht über jene Grenzfrage zwischen Philosophie und Naturwissenschaft gehört zu werden.

Weit genug ist der Zeitraum, der beide Denker von einander trennt; um so interessanter die Untersuchung, wieweit der eine über den anderen auch sachlich hinausgegangen ist.

Unter diesem Gesichtspunkt wird das letzte Kapitel dieser Abhandlung die Naturansicht Lotzes mit derjenigen Kants vergleichen, um dann, wenn es möglich ist,

---

[1]) Wir erwähnen vor allem: Trendelenburg, Logische Untersuchungen 1862.

den gemeinsamen Ertrag festzustellen, der sich uns aus solchem Vergleich für die Lösung jener Prinzipienfrage ergeben wird. Vorerst aber versuchen wir, jedem Einzelnen der beiden Denker auf seinem Standpunkt zu folgen.

Wenn wir im Verfolge dieses Versuches den Zusammenhang der jeweiligen Naturansicht mit den letzten abschliessenden Gedanken des Systems bei Kant nur in wenigen kurzen Sätzen andeuten, aber auch bei Lotze nur in grossen Zügen skizzieren, so wird uns dabei in erster Linie das Bewusstsein leiten, dass wir unsern Hauptzweck: die Erörterung des naturwissenschaftlich-methodologischen Problems nicht dem an sich vielleicht verlockenderen Unternehmen einer Darstellung der Weltanschauung Kants und Lotzes opfern dürfen.

Erstes Kapitel.

Das Verhältnis von mechanischer und teleologischer Naturerklärung bei Kant.

I.

Allgemeine Prinzipien der Forschung.

Eine naturwissenschaftliche Prinzipienlehre Kants besitzen wir nicht. Wohl aber lässt sich auf Grund der Untersuchungen der „Kritik der reinen Vernunft" über die Grenzen und die Methode allgemeingiltiger, das heisst wissenschaftlicher Erkenntnis überhaupt, sowie aus dem zweiten Teil der „Kritik der Urteilskraft" folgendes als Leitfaden der Naturbetrachtung im Sinne Kants aufstellen.

Erstens. Nur mit dem Gebiet der „Erscheinungen", das heisst dessen, was unsrer sinnlichen Wahrnehmung gegeben ist, hat es die Lehre von der Natur (auch die philosophische) zu thun. Anders ausgedrückt: nur auf Objekte möglicher Erfahrung finden die Kategorien Anwendung, mittels derer, unter gleichzeitiger Anwendung der reinen (a priori) Anschauungsformen von Raum und Zeit, unser

Verstand — von Kant auch „theoretische Vernunft" genannt — die sinnlichen Eindrücke ordnet und zu Erkenntnissen verarbeitet[1]).

Etwaige Beziehungen der gegebenen Welt zu einer hinter ihr als „Ding an sich", das heisst als Wesen ihrer „Erscheinung" denkbaren, ja denknotwendigen[2]) **übersinnlichen Welt** müssen (weil jenseits der Grenzen der theoretischen Vernunft gelegen) ausserhalb der naturwissenschaftlichen Untersuchung bleiben. Nachforschungen über derartige Zusammenhänge lassen sich erst nach Beendigung der eigentlichen Wissenschaft anstellen. Auf keinen Fall darf ein übersinnliches Prinzip in die Naturwissenschaft als Erklärungs- („Ableitungs-") Prinzip eingeführt werden[3]). Denn nicht den **Grund der Möglichkeit der Natur**, sondern denjenigen ihrer thatsächlichen Beschaffenheit, beziehungsweise der Veränderungen in ihr, hat die Wissenschaft nachzuweisen. Indem sie dies thut, d. h. in der Erklärung der gegebenen Welt und der Besonderheit ihrer Bewegungs- und Lebensformen wird sie, — entsprechend der Forderung immanenter Erklärung, sich mit den „gegebenen" Kräften der Materie und deren gesetzlich geregelter Wechselwirkung zu begnügen haben.

Zweitens. Diese „Gesetzlichkeit" selbst ist zwar nicht gegeben. Aber indem unser Verstand sie a priori den Erscheinungen beilegt, ist er sich bewusst, damit die unumgängliche Bedingung[4]) aufgestellt zu haben, unter der überhaupt nur zusammenhängende Erfahrung gemacht werden kann.

Der ununterbrochene Causalnexus, auf welchen sich nach Kant alle besondere Gesetzlichkeit in formaler Hinsicht zurückführen lässt, bildet in der einfachen Form,

---

1) Kr. d. r. V. S. 222 ff.
2) Kr. d. r. V. S. 235, cf. Kr. d. U. S. 262 u. A.
3) Kr. d. r. V. S. 230.
4) Kr. d. r. V. S. 121, cf. 680.

die Kant ihm gibt: „Alles was geschieht, setzt eine Ursache voraus, auf die es nach einer Regel folgt"[1] — die allgemeinste Voraussetzung jeder wissenschaftlichen Naturerkenntnis.

Man darf wohl sagen, dass in demselben zugleich — in weitestem Sinne das Prinzip des Mechanismus, wie es Kant versteht, ausgesprochen ist. Ohne dasselbe „kann es keine Naturwissenschaft geben"[2] — es fällt geradezu mit wissenschaftlicher Theorie der Natur zusammen[3]).

Alle Begreiflichkeit der Natur, oder wie Kant sich auch ausdrückt, alle „formale Zweckmässigkeit", d. h Angemessenheit der Natur für unseren Verstand beruht auf diesem undurchbrochenen Causalnexus natürlicher Ursachen und Wirkungen. Freilich nicht auf ihm allein, denn

Drittens. Ausser der allgemeinen Gesetzlichkeit erwartet die Vernunft von der Natur, die sie verstehen soll, auch die Möglichkeit einer Ordnung der Natur in bestimmte Formen des Geschehens, d. h. die mögliche Spezifikation[4]) ihrer allgemeinen Gesetze in besondere sowie die mögliche Zurückführung der letzteren auf die ersteren.

Die Thätigkeit des Verstandes, welche diese Unterordnung und Zurückführung auf allgemeine Gesetze besorgt, nennt Kant: „urteilen" und zwar bestimmendes urteilen, wenn das Allgemeine (Gesetz) gegeben ist, reflektierendes, wenn das Allgemeine gesucht wird[5]).

Kant verlangt, um den modernen Ausdruck zu gebrauchen, die Kombination der deduktiven[6]) und induktiven[7])

---

1) Kr. d. r. V. S. 180.
2) Kr. d. r. V. S. 269, vgl. 235, 259.
3) Kr. d. r. V. S. 267, vgl. 244, wo als Maxime der theoretischen Naturlehre aufgestellt wird: „dass nichts von ungefähr geschehe".
4) Kr. d. r. V. S. 21.
5) Kr. d. U. Einleitung S. 16.
6) „bestimmende Urteilskraft." — 7) „reflektierende Urteilskraft."

Methode, m. a. W. die heute allgemein angewandte systematische Methode der empirischen Naturwissenschaft.

II.

§. 1. Der Mechanismus des Weltbaus.

Im Geist der vorgetragenen Grundsätze, wenngleich ohne Verfolgung ihrer letzten Konsequenzen, ist die Schrift verfasst, welche wir als die bedeutendste Erstlingsschrift Kants aus dem Gebiet der Naturwissenschaft bezeichnen können:

„**Allgemeine Theorie und Naturgeschichte des Himmels, nach Newton schen Prinzipien abgehandelt**"
1755.

Unbeschadet der von dem philosophischen Rationalismus der Wolffischen Schule beeinflussten Tendenz des Buches [1] vertritt dasselbe in den Hauptpunkten, die es behandelt, den Standpunkt mechanischer Naturauffassung.

Der geniale, durch das Studium Newtons angeregte Gedanke, dass dieselbe Anziehungskraft (beziehungsweise Abstossungskraft) aller wägbaren Materie, welche heut den Lauf der Planeten unterhält, auch einst imstande gewesen sein müsse, das Planetensystem aus locker im Weltraum verstreuter Materie zu bilden, gibt der „allgemeinen Theorie des Himmels" noch jetzt mehr als nur geschichtlichen Wert.

Denn dass die Kant(-Laplace)sche Hypothese in der Form und Begründung, wie er sie damals geben konnte, von der heutigen Forschung nicht mehr aufrecht erhalten wird, thut der Bedeutung des allgemeinen Gesichtspunktes: des Versuches der Ableitung des jetzigen geordneten Weltbaus aus der absichtslosen Mechanik der Naturkräfte, keinen Abbruch.

„**Gebt mir Materie**", so lautet das kühne Motto jener Schrift, „**und ich will euch eine Welt daraus bauen.**"

---
[1] s. S. 15 dieser Abhandlung.

Interessant ist es und wert, beachtet zu werden, wie Kant sich bei dieser Aeusserung nicht nur mit seinem wissenschaftlichen Gewissen, sondern auch und sogar in besonderem Sinn mit dem religiösen Bedürfnis im Einklang weiss. Ja, geradezu im Interesse der Verteidigung des Glaubens hat er die ganze Untersuchung geführt.

„Es ist ein Gott, eben deshalb, weil die Natur auch selbst im Chaos nicht anders als regelmässig und ordentlich verfahren kann"[1]). Jedenfalls sollten nach Kants Meinung diejenigen, welche im Sinn der alten teleologischen Kosmologie aus der Zweckmässigkeit und Harmonie der Welt einen Beweis für die Erschaffung derselben durch Gottes weise Allmacht herleiten, bedenken, was sie thun, indem sie **eben derselben** Natur von Hause aus nur Anlage zur Unordnung beilegen[2]).

Später finden wir übrigens Kant nicht mehr von der durchgängigen Harmonie des Alls, wenigstens was unsern Planeten betrifft, überzeugt.

Wichtig ist uns im gegenwärtigen Zusammenhang nur, dass Kant hier, wenn auch nicht die erste Begründung einer Welt überhaupt, so doch den im Ganzen harmonischen Weltzustand, wie er heute vorliegt, auf mechanische Ursachen zurückführt.

Ebenso wichtig aber für alle nachfolgenden Untersuchungen bleibt der Umstand, dass Kant schon hier, also fast 25 Jahre vor dem Erscheinen seines „biologischen Hauptwerks"[3]), wie Häckel es nennt, unmittelbar nach dem oben zitierten kühnen Wort die Frage aufwirft: „darf man aber auch ohne Vermessenheit sagen: gebt mir Materie, und ich will euch zeigen, wie eine Raupe erzeugt werden kann? . . . . . bleibt man nicht bei dem ersten Schritte aus Unwissenheit der wahren Beschaffenheit des Objekts und der Verwicklung der in demselben enthaltenen Mannigfaltigkeit stecken"?

„Man darf sich also nicht befremden lassen, wenn ich

---

1) Allg. Theorie und Naturgesch. S. 13. — 2) ebenda S. 7.
3) Kritik der Urteilskraft, II. Teil, vgl. E. Häckel, Natürliche Schöpfungsgeschichte 1. Teil 9. Aufl. S. 89 ff.

sage: dass eher die Bildung aller Himmelskörper, die Ursache ihrer Bewegungen, kurz der Ursprung des ganzen Weltbaus eingesehen werden kann, **ehe die Erzeugung eines einzigen Krautes oder einer Raupe aus mechanischen Gründen deutlich und vollständig kund werde.**" . . . . .

Wohl fehlt es nicht an Andeutungen, die uns zeigen, wie **Kant zu Zeiten die Möglichkeit mechanischer Ableitung auch der Lebenserscheinungen** (im Sinne der generatio spontanea) erwogen hat.

So heisst es in einem von Reicke aus Kants Nachlass mitgeteilten losen Blatte [1]) . . . „Ich habe auch bisweilen in den Golf gesteuert, blinde Naturmechanik hier zum Grund zu legen, und glaubte eine Durchfahrt zum kunstlosen Naturbegriff zu entdecken — allein ich geriet mit der Vernunft beständig auf den Strand und habe mich daher lieber auf den uferlosen Ocean der Ideen gewagt. Der Grundsatz der Zweckmässigkeit im Bau organischer, vornehmlich lebender Körper ist so mit der Vernunft zusammenhängend als der Grundsatz der wirkenden Ursachen in Ansehung aller Veränderungen in der Natur." . . .

§. 2. Das Problem des Organismus und das Vernunftprinzip der Zweckeinheit.

a) Die äussere Zweckmässigkeit und die älteren teleologischen Theorieen.

Ehe wir auf die hier vielleicht schon vor der Kritik der r. V., jedenfalls vor der Kr. d. U. auftauchende Forderung eingehen, das teleologische Prinzip in die Naturbetrachtung einzuführen, müssen wir uns, schon um diese Forderung von vornherein gegen Missverständnisse zu schützen, klar machen, worauf der prinzipielle Unterschied Kantischer Zwecklehre von den teleologischen Theorien seiner und der Vorzeit beruht.

---

1) Lose Blätter aus Kants Nachlass, gesammelt von Reicke, Cap. 5, S. 137.

Erst nach Erledigung dieser übrigens einfachen Frage können wir die nähere Begründung der oben angeführten Aeusserungen und die Frage ihres Verhältnisses zu den bis dahin vorgetragenen mechanistischen Ansichten Kants in Angriff nehmen.

Die ältere Teleologie, wie sie uns aus apologetisch theologischen Werken aber auch aus den Spottversen eines Voltaire und den Goethe-Schillerschen Xenien bekannt ist, pflegte in ihren Argumenten von der äusseren Zweckmässigkeit der Welt — teils von ihrer Schönheit also, teils von ihrer Zuträglichkeit für die organischen Lebewesen auszugehen. Es ist nun leicht einzusehen, sagt Kant, dass diese äussere Zweckmässigkeit den Dingen rein zufällig [1]) ist, denen sie beigelegt wird. Wir würden nämlich auch, wenn alle jene vielgerühmte Naturnützlichkeit nicht wäre, gleichwohl in den vorhandenen Naturursachen alle Bedingungen erfüllt sehen, die zu jener zweckmässigen Beschaffenheit erforderlich sind. Ja, wenn die Zwecke, welche die Natur (oder Gott durch sie) mit jenen nutzbringenden Einrichtungen vorhaben soll, wirklich als Zwecke, d. h. als etwas, was sein soll [2]), nachgewiesen würden — dann freilich reichte die rein mechanische Erklärung zur Begründung ihrer Möglichkeit nicht aus. Aber wer vermag nachzuweisen, dass dies so ist?

Mag der Sand des vom Lande sich zurückziehenden Meeres dem Wachstum der Fichte nützlich sein — wer sagt uns, ob es denn Fichten geben müsse? Mag dieses oder jenes Klima, diese oder jene Bodenbeschaffenheit der Bewohnung durch menschliche Wesen günstig sein, — wer kann den Nachweis erbringen, dass überhaupt Menschen oder doch dass gerade dort Menschen existieren müssen [3])?

Vielmehr lässt sich dort die Absetzung des Sandes, hier die geologischen und klimatischen Verhältnisse vollständig auch ohne jenen (bewussten) Zweck, d. h. aus dem blinden Walten der Naturgezetze einsehen.

---

1) Kr. d. U. S. 214. — 2) ebenda. — 3) ebenda S. 213 ff.

Die äussere Zweckmässigkeit der Natur nötigt uns ebensowenig wie die ästhetische[1], die mechanische Erklärungsart als unzureichend aufzugeben. Auch hier lässt sich denken, dass was die Schönheit der Blumen, der Vogelfedern, der Muscheln, ihrer Gestalt sowohl als Farbe anbetrifft, diese der Natur und ihrem Vermögen sich in ihrer Freiheit ohne besondere darauf gerichtete Zwecke nach chemischen Gesetzen durch Absetzung der zur Organisation erforderlichen Materie auch ästhetisch zweckmässig zu bilden, zugeschrieben werden könne." . . .

Die gesamte äusserliche Teleologie ist nach Kants Meinung als unwissenschaftlich abzuthun. Wenigstens soll sie kein eigentliches teleologisches Urteil begründen[2].

b) Die innere Zweckmässigkeit und die Antinomie der Urteilskraft.

Erst die Betrachtung der organischen Formen berechtigt zu solchem Urteil. Die eigentümlichen Bildungsgesetze nämlich, welche uns in den organisirten Wesen (also dem Pflanzen- und Tierreich) entgegentreten, lassen sich — wenigstens von uns — unter die allgemeinen Gesetze, denen die Natur (= die geordnete Welt beweglicher Materie) unterliegt, nicht subsumieren. Während die abstracten Bewegungsformen mechanisch erklärt werden können, scheinen die konkreten Lebensformen solcher Erklärung zu widerstehen.

Nicht blosse Naturprodukte treffen wir in ihnen an, sondern offenbar Erzeugnisse, auf deren Existenz es der Natur ankam —: Naturzwecke.

Im Vergleich mit dem allgemeinen Naturmechanismus sind sie „zufällig"[3] und entbehren der Notwendigkeit, welche unser Verstand mit Recht[4] an allen Naturerscheinungen sucht.

Von der älteren Teleologie zieht Kant zur Erläuterung des Unterschiedes zwischen Anorganischem, oder besser: „Un-

---

1) Kr. d. U. S. 213 ff. — 2) Kr. d. U. S. 215 (§. 63). —
3) Kr. d. U. S. 216 u. a. — 4) S. 14 unsrer Arbeit.

lebendigem" und Lebendigem das Beispiel der Uhr herein, die zwar in ihrer Art auch ein Organismus, d. h. eine einheitlich geordnete Mannigfaltigkeit einzelner Teile aufweist, welche zum Ganzen zusammenwirken. Was aber den organischen Körper von diesen Maschinen menschlicher Kunst unterscheidet, ist dies: in der Maschine ist zwar jeder Teil um des Ganzen willen da, aber nicht durch das Ganze oder durch die übrigen Teile. Im lebendigen Organismus dagegen entsteht sowohl der Teil erst am Ganzen und durch das Ganze — als auch anderseits erst durch das Zusammenwirken der Teile das Ganze hervorgebracht wird.

Die Maschine hat nur bewegende Kraft, der Organismus jedoch bildende Kraft, und zwar solche, die er den Materien mitteilt, welche sie nicht haben (sie „organisiert") — also bildende und sich fortpflanzende Kraft, welche durch das Bewegungsvermögen allein nicht erklärt werden kann [1]).

Das Beispiel des Baumes [2]), welches dem der Uhr nun gegenübergestellt wird, soll das Gesagte erläutern.

Der Baum erhält und erzeugt sich selbst (als Individuum und als Gattung); weder Samenbildung noch Wachstum lassen sich als mechanische Bewegung verstehen; hier offenbart sich eine verborgene Technik der Natur, welche der menschlichen Technik analog, aber höchstens mit der Produktion des Genies vergleichbar ist.

Der Umstand, dass hier wie dort dasjenige, was erst werden soll, Ursache des Werdens, oder wie Kant nach dem Vorgang des Aristoteles sagt, hier das Ganze vor den Teilen ist, scheint uns zu zwingen, der Einladung der einheitsuchenden Vernunft [3]) zu folgen, und das allgemeine Gesetz, unter welches die besonderen Bildungsgesetze des Organismus zu subsumieren sind, in einer Causalität durch Zwecke (= Motive) oder der Endursachen zu suchen, mit anderen Worten, zu dem „nexus effectivus" der wirkenden

---

1) Kr. d. U. S. 221. — 2) Kr. d. U. S. 217 f.
3) Kr. d. r. V. (Transcendentale Dialektik.) S. 552 f.

einen „nexus finalis" der Endursachen anzunehmen [1]). Anders ausgedrückt: es drängen uns die organischen Vorgänge eine neue Auffassung des Kausalzusammenhangs zu denken, so nämlich, dass jede Wirkung nach aufwärts den Namen der Ursache desjenigen Dings verdient, dessen Wirkung es ist [2]).

Kant verhehlt sich nicht die Schwierigkeit dieses neugewonnenen Begriffes, sobald er ihn auf die Wirklichkeit anwenden will.

In der **menschlichen Technik** ist uns freilich solch Verhältnis wohlbekannt und verständlich. Da geht die Idee der Wirkung thatsächlich (in unserer zwecksetzenden Vorstellung) als Ursache der letzteren voraus. In der Technik der **Natur** fehlt uns jedoch das Subjekt dieser vorstellenden und wollenden Thätigkeit. Die Natur selbst mit Vernunft zu begaben, widerspricht ihrem Begriff ebenso wie die Annahme der Hylozoiker, die von einer Grundkraft träumen, welche sie der toten [3]) Natur andichten [4]) und dieselbe ihrer Zwecke unbewusst, Zweckvolles schaffen lassen.

Das bedeutet den Tod aller Naturphilosophie!

Ebensowenig geht es an, mit dem Theismus zu dem Begriff einer schon um der rein „empirischen" Gültigkeit der Kategorie willen unzulässigen **übersinnlichen** Kausalität zu flüchten und die Hand Gottes unmittelbar eingreifen zu lassen.

Es bleibt nur ein Ausweg übrig: wir müssen uns die Natur hinsichtlich ihrer organisierten Produkte so **vorstellen**, **als ob** ein Verstand den Grund der Einheit des Mannigfaltigen ihrer empirischen Gesetze enthalte" ... (als ob eine **Idee** der Möglichkeit des Naturproduktes zu Grunde läge)."

---

1) Kr. d. U. S. 219. Auch die Unterscheidung „reale und ideale" Ursachen finden wir bei Kant.

2) Kr. d. U. S. 219.

3) Leblosigkeit (inertia) ist nach Kant der wesentlichste Charakter der Materie Kr. d. U. S. 243.

4) Ueber den Gebrauch teleologischer Prinzipien in der Philosophie. Kants Werke, ed. Rosenkranz. Bd. VI. S. 386.

Auf dieses „als ob" kommt alles an, wenn wir die Kantische Auffassung verstehen wollen. Von diesem „als ob" ergibt sich ohne weiteres die Auflösung der oben angedeuteten Schwierigkeit — welche Kant nach dem Muster der Antinomien der „reinen Vernunft" folgendermassen zuspitzt.
Die beiden Maximen:
A. „Alle Erzeugnisse materieller Natur müssen als nach blossen mechanischen Gesetzen möglich beurteilt werden."
B. „Einige Produkte der materiellen Natur können nicht blos nach mechanischen Gesetzen beurteilt werden — verwandelt Kant nämlich in zwei apodiktische Aussagen:
A. Thesis: Alle Erzeugung materieller Dinge ist nach blossen mechanischen Gesetzen möglich.
B. Antithesis: Einige Erzeugung derselben ist nach blos mechanischen Gesetzen nicht möglich.

So bekommt er eine Antinomie, die schlechterdings unauflösbar scheint.

Und doch: sie scheint es wirklich nur, so lange nämlich, als beide Sätze als objektive („konstitutive") Prinzipien der bestimmenden Urteilskraft gelten. Sie wird lösbar, wenn jene als subjektive („regulative") Grundsätze oder Gesichtspunkte der reflektierenden Urteilskraft gefasst werden[1]).

In der That: nicht ernstlich will Kant die Möglichkeit einer doppelter Verursachung in der Körperwelt zugeben[2]). Jener Fremdling in der Naturwissenschaft[3]), nämlich der Begriff der Naturzwecke, soll, wie uns unter immer neuen Wendungen versichert wird, keine ontologische, sondern nur eine logische Verknüpfung für unser Denken herstellen.

Indem wir der teleologischen Betrachtung ihr Recht einräumen, leugnen wir gar nicht, dass eine mechanische Erzeugungsart der Organismen möglich sei[4]).

Ja, es kann uns gar nicht in den Sinn kommen, irgend ein Naturprodukt ohne mechanische Vermittelung für mög-

---
1) Kr. d. U. S. 246 ff. vgl. Kr. d. r. V. S. 532 ff.
2) Kr. d. U. S. 207. — 3) ebenda S. 258. — 4) ebenda S. 258.

lich zu halten ¹). Setzt doch jeder Zweck zu seiner Verwirklichung Mittel voraus, — so dass wir es als ebenso phantastisch bezeichnen müssten, **ohne** den Mechanismus bei der Erklärung der Erscheinungen auskommen zu wollen, als es schwärmerisch ist, alles aus **blossem Mechanismus** verstehen zu wollen ²).

Nicht dass die Natur, sondern nur dass wir vermöge unserer Organisation mit dem Mechanismus nicht ausreichen, bekennen wir, wenn wir behaupten, dass der „Newton" weder gefunden worden, noch jemals gefunden werden wird, der uns die Entstehung des geringsten lebenden Organismus mechanisch ebenso begreiflich machte, wie den Ursprung und die Bewegung des Planetensystems.

Die Annahme, dass ein solcher einmal· kommen **könne** ³), dürfen wir mit Recht als ungereimt bezeichnen.

Fassen wir zusammen: Mag an sich die Befugnis mechanischer Erklärung (weil mechanischer Möglichkeit) unbeschränkt sein — wir werden **Kant** von diesem Grundsatz selbst Gebrauch machen sehen — so ist doch „das Vermögen, damit auszukommen, nach der Beschaffenheit unsres Verstandes deutlich begrenzt" ⁴).

Wohl könnten, ja müssen wir uns als Gegenbild unsres diskursiven Verstandes, einen **intuitiven** ⁵) **Intellekt** denken, der nicht wie wir, das Ganze erst nach einer Zweckidee sich Teil für Teil verwirklichend, sondern mit der Idee des Ganzen zugleich ihre Verwirklichung in anschaulicher Realität vor sich sähe; — objektiv gesprochen: in dem **übersinnlichen Substrat** ⁶) der Natur, welches wir hinter der Erscheinungswelt anzunehmen durch unsre Vernunft genötigt sind ⁷), mag der Gegensatz von Möglichkeit und Wirklichkeit ⁸), von Notwendigkeit und Zufälligkeit, — von physisch-mechanischer und teleologischer Verknüpfung in einem **einzigen Prinzip** zusammenlaufen ⁹). Dies zugegeben, bleibt

---

1) ebenda S. 263. — 2) ebenda S. 261.
3) Kr. d. U. S. 249 u. 259. — 4) ebenda S. 267. — 5) ebenda S. 255 ff. — 6) ebenda S. 258. — 7) ebenda S. 262.
8) ebenda S. 251. — 9) ebenda S. 236.

doch die Thatsache, dass wir jenen intuitiven Verstand nicht besitzen und in den übersinnlichen Grund der Natur keinen Einblick haben. Was anders, als diese unsre subjektive Schranke sprechen wir zunächst nicht aus, wenn wir sagen, dass wir neben der mechanischen die teleologische Erklärung brauchen — näher, richtiger: dass wir zur Ergänzung der für uns nie vollständig möglichen mechanischen **Erklärung** die teleologische **Reflexion** hinzunehmen müssen.

Doch nur die eine Seite der Kantischen Auffassung ist hiermit vorgetragen. Es ist nämlich nicht zu leugnen, dass Kant diese zwar rein subjektive, durch die menschliche (also unvollkommene) Organisation bedingte teleologische Beurteilung der Natur zugleich als die **höhere** angeschaut wissen will. Den Beweis dafür: er fordert solche Betrachtung, wenn auch nur „problematisch" für die **ganze** Natur, also auch für diejenigen Erscheinungen, die er mechanisch zu begreifen glaubte.

Kant drückt die bezeichnete Primatstellung der Teleologie in der Doppelforderung aus, welche die **praktische** Auflösung der Antinomie und damit den Weg zum empirischen Gebrauch der fraglichen Prinzipien bezeichnet [1]):

Alles in der Natur, also auch auf organischem Gebiet, ist **soweit wie irgend möglich**, und wieweit es möglich, wissen wir nicht, **mechanisch zu erklären**; alles ist zugleich (besonders aber die Erscheinungen des organischen Lebens) **teleologisch zu beurteilen**, und zwar so, dass die (besondere) mechanische Erklärung der (allgemeinen) **teleologischen Beurteilung unterzuordnen** ist.

Wie sich Kant diese Verbindung, beziehungsweise Unterordnung der Prinzipien im Einzelnen vorstellt, mag der folgende Abschnitt zeigen.

---

1) vgl. Kr. d. U. S. 259 ff.

§. 3. Teleologie und Mechanismus in ihrer Anwendung auf das biologische Problem.

a) **Der fertige Organismus**

ist durchgehends teleologisch und zwar nach dem Grundsatz zu beurteilen, dass „nichts in ihm umsonst," „zwecklos" oder (nur) einem blinden Naturmechanismus zuzuschreiben ist[1]), — m. a. W. die teleologische Beurteilung muss auf alle Teile des Organismus erstreckt werden. Alle sind so anzusehen, „als ob" sie einem bestimmten Zweck (nicht blos thatsächlichen Nutzen) dienten. Nur so gewinnen wir ein wirkliches Verständnis des Organismus, „wenn wir alles an ihm als organisiert und alles auch zugleich als Organ auffassen"[2]).

b) Ebenso muss im Werden und Wachsen des organischen, speziell des tierischen Körpers, unbeschadet der Thatsache, dass Manches an ihm (z. B. Häute, Knochen, Haare) auch als Konkretionen nach blos **mechanischen Gesetzen** begriffen werden kann, doch die **Ursache, welche die dazu schickliche Materie herbeischafft**, diese so modifiziert, formt und an ihre gehörigen Stellen absetzt, immer „teleologisch beurteilt werden"[3]). Auch hier betonen wir, dass Kant nicht sagt: es muss eine andere Causalität als diejenige der uns bekannten physischen Bewegungsursachen (Naturkräfte) angenommen werden, sondern — wenn wir recht verstehen —: das Wirken dieser Naturursachen muss so gedacht werden, „als ob" dieselben durch ein vernünftiges Prinzip (näher durch die Rücksicht auf den zweckmässigen Aufbau des Organismus) in Bewegung gesetzt würden.

---

1) Kr. d. U. S. 223 f. — 2) ebenda S. 223 f.
3) Kr. d. U. S. 223 f.

c) Die Entstehung und Entwickelung des organischen Lebens.

Die Ansicht Kants ist folgende: Unter der (teleologischen) Voraussetzung, dass die Natur immer Vollkommeres herauszubilden habe, mag der Forscher versuchen, (auf mechanischem Wege) alles Lebendige aus einer einfachen Urform abzuleiten.

Sicher aber wird er, indem er dies thut, zum mindesten an dem Punkt, wo zum ersten Mal Organisches (Leben) auftaucht, an das Ende seiner Weisheit gelangen.

Er muss an diesem Punkt, statt einer mechanischen Erklärung, einer teleologischen Hypothese das Feld räumen, welches er selbst (d. h. der Mechanismus) nicht mehr besetzen kann. Ohne Bild gesprochen: im Gegensatz zu der (nach Kant) „ungereimten" Theorie einer generatio aequivoca [1]) ist die Urform alles organischen Lebens bereits als organisiert zu denken.

„Es ist rühmlich [2]), vermittels einer komparativen Anatomie die grosse Schöpfung .... durchzugehen und zu sehen, ob sich daran nicht etwas einem System ähnliches und zwar dem Erzeugungsprinzip noch vorfinde, ohne (= anstatt) dass wir nötig haben beim blossen Beurteilungsprinzip (welches für die Einsicht ihrer Erzeugung keinen Aufschluss gibt) stehen zu bleiben, und mutlos allen Anspruch auf Naturansicht in diesem Felde aufzugeben. Die Uebereinkunft so vieler Tiergattungen in einem gewissen gemeinsamen Schema, das nicht allein im Knochenbau, sondern auch in der Anordnung der übrigen Teile zum Grunde zu liegen scheint, wo bewunderungswürdige Einfalt des Grundrisses durch Verkürzung einer und Verlängerung andrer, durch Einwickelung dieser und Auswickelung jener Teile eine so grosse Manigfaltigkeit der Spezies hat hervorbringen können — lässt einen, obgleich schwachen Strahl der Hoffnung in das Gemüth

---

1) Kr. d. U. S. 269. — 2) ebenda S. 268 ff.

fallen, dass hier wohl etwas mit dem **Prinzip des Mechanismus** der Natur, ohne welches es überhaupt **keine Naturwissenschaft geben kann**, auszurichten sein möchte. Diese Analogie der Formen, sofern sie bei aller Verschiedenheit einem gemeinschaftlichen Urbilde gemäss erzeugt zu sein scheinen, verstärkt die Vermutung einer wirklichen Verwandtschaft derselben in der Erzeugung von einer gemeinsamen Urmutter durch die stufenartige Annäherung einer Tiergattung zur andern von derjenigen an, in welcher das Prinzip der Zwecke am meisten bewährt zu sein scheint, nämlich dem ·Menschen, bis zum Polyp, von diesem sogar bis zu Moosen und Flechten und endlich zu der niedrigsten uns merklichen Stufe der Natur, zur **rohen Materie, aus welcher und ihren Kräften nach mechanischen Gesetzen** (gleich denen, wonach sie Krystallerzeugungen wirkt), die ganze Technik der Natur, die uns im organisierten Wesen so unbegreiflich ist, **dass wir dazu ein andres Prinzip**[1]) zu denken uns genötigt glauben, abzustammen scheint. Hier steht es nun dem **Archäologen der Natur** frei, aus den übriggebliebenen Spuren ihrer ältesten Revolutionen nach **allem ihm bekannten oder gemutmassten** Mechanismus derselben, jene grosse Familie von Geschöpfen entspringen zu lassen. Er kann den Mutterschoss der Erde, die eben aus ihrem chaotischen Zustand herausging (gleichsam als ein grosses Tier), anfängliche Geschöpfe von minder zweckmässiger Form, diese wiederum andere, welche angemessener ihrem Zeugungsplatze und ihrem Verhältnisse untereinander sich ausbildeten, gebären lassen, bis die Gebärmutter selbst, erstarrt sich verknöchert, ihre Geburten auf bestimmte fernerhin nicht **ausartende Spezies** eingeschränkt hätte, und die Mannigfaltigkeit so bliebe, wie sie am Ende der Operation jener fruchtbaren Bildungskraft war" . . . .

Nun folgt, auf diese Vorahnung der Darwinschen

---

1) oben §. 2.

Theorie, die wichtige Einschränkung, welche Haeckel[1]) nicht genug bedauern kann: . . . .

„allein er muss gleichwohl zu dem Ende dieser allgemeinen Mutter eine auf alle diese Geschöpfe zweckmässig gestellte Organisation beilegen, widrigenfalls die Zweckform der Produkte des Tier- und Pflanzenreichs ihrer Möglichkeit nach gar nicht zu denken ist. Alsdann aber hat er den Erklärungsgrund nur weiter aufgeschoben und kann sich nicht anmassen, die Erzeugung jener zwei Reiche von der Bedingung der Endursachen unabhängig gemacht zu haben. — Selbst die Veränderungen, welche zufällig entstanden . . . erblich geworden und in die Zeugungskraft aufgenommen wurden, ... können füglich nicht anders als gelegentliche Entwickelung einer in der Spezies ursprünglich vorhandenen zweckmässigen Anlage zur Selbsterhaltung der Art[2]) beurteilt werden. Soweit Kants Worte.

Wir stehen am Ende der mechanischen Betrachtung also wieder bei dem ungelösten Rätsel, das uns der fertige Organismus aufgab. Auch die teleologische Hypothese löst uns dies Rätsel nicht: aber sie gibt doch den Gedanken zum mindesten einen Ruhepunkt, indem sie (was ja von Hause aus ihre Bestimmung war) die Grenze unseres Erkennens feststellt.

§. 4. Anwendung des teleologischen Prinzips auf das Ganze der Natur. Der „Endzweck" und die Ethikoteleologie.

Es kann nun auch versuchsweise die Anwendung des teleologischen Prinzips auf die Natur als Ganzes (als System) vorgenommen werden. Ja, sie muss es, nachdem das Beispiel der organisierten Wesen uns berechtigt, auch von der Natur im Ganzen nur Zweckmässigkeit zu erwarten[3]). Das Prinzip der „äusseren Zweckmässigkeit", welches Kant zur Begründung teleologischer Urteile im Anfang verwarf,

---

1) a. a. O. S. 91 f. — 2) a. a. O. S. 270.
3) Kr. d. U. S. 226.

wird jetzt wieder — freilich auch nur zu „regulativem Gebrauch" — zu Ehren angenommen.

Keinen „bestimmenden" (d. h. Erkenntnis-) Wert — denn dazu müssten wir den Endzweck der Natur kennen, wohl aber den Wert eines Leitfadens zur Erforschung kausaler Verhältnisse hat der Grundsatz dieser „Teleologie im weiteren Sinne", dass nämlich in der Welt alles zu irgend etwas gut sei.

Er setzt uns in den Stand, den Mitteln nachzuspüren, durch welche die Natur ihre Zwecke (wenn sie solche hat) erreicht, und dient als heuristisches Prinzip zur Auffindung mancher Gesetze, die uns nach der Beschränkung unserer Einsicht in das Innere des Mechanismus sonst verborgen blieben [1]).

Wer möchte ferner den ethischen Wert solcher Naturbetrachtung leugnen, welche uns anleitet, auch in dem scheinbar Zwecklosen, ja Zweckwidrigen doch etwas zu erkennen, was sein soll, und wäre es auch nur zu dem Zwecke bestimmt, uns unter dem Widerstand der Naturdinge die sittliche Kraft zu stählen und uns zu erhöhter Kulturthätigkeit anzufeuern? [2]).

Und schliesslich — wird nicht die Natur in ihrer Schönheit für uns gewinnen, wenn wir all die Pracht der Farben und Formen, die wir als mechanische Wirkungen zu begreifen glauben, unter dem Gesichtspunkt eines absichtlich für uns sich entfaltenden Spieles betrachten wollten? [3]).

Freilich, ob solche Absichten vorhanden sind, ob die Natur überhaupt einen Zweck habe und worin er dann bestünde, — diese Fragen kann keine teleologische, überhaupt keine Naturbetrachtung lösen.

Wir wissen nur von Einem festen Punkt im All, wo der Zweckbegriff objektive Realität besitzt, d. h. wo Vernunft in Freiheit sich selbst Zwecke setzt, die nicht wieder als

---

1) Kr. d. U. S. 217.
2) ebenda S. 227. vgl. auch Kr. d. r. V. 569.
3) Kr. d. U. S. 228.

blosse Mittel und noch weniger als blosse natürliche Rückwirkungen angesehen werden können: das ist das Gebiet der Sittlichkeit oder der „Mensch unter moralischen Gesetzen"[1]).

Während er als Glied der sinnlichen Welt nicht besser und herrlicher dasteht als alle anderen Naturprodukte und höchstens ihr letzter, nicht aber ihr Endzweck heissen kann, so darf er als Glied der intelligiblen Welt (der Welt der Kausalität durch Freiheit)[2] sich als den Endzweck[3] ansehen, dem die ganze Natur teleologisch unterzuordnen ist.

Damit er als sittliches Wesen seine Aufgabe in der Welt erfüllen, d. h. damit sittliche Zwecke in der Welt verwirklicht werden können, deshalb und dazu ist Natur da[4]). In der Ethikoteleologie und dem auf ihr beruhenden praktischen Vernunftglauben (Ethikotheologie) allein findet die natürliche Zwecklehre wie ihren Abschluss so ihre Begründung[5]).

Zweites Kapitel.

Das Verhältnis von mechanischer und teleologischer Naturerklärung bei Lotze.

A.

Lösung der Frage vom Standpunkt der Wissenschaft erster Ordnung[6]).

I.

Allgemeine Prinzipien der Forschung.

Die eigentliche Wissenschaft der Natur beginnt auch für Lotze mit der unerlässlichen Voraussetzung, dass das

---

1) Kr. d. U. S. 279 u. 281. — 2) Kr. d. r. V. 431.
3) Kr. d. U. S. 287 u. 301.
4) Gebrauch der teleologischen Prinzipien S. 387. vgl. Kr. d. r. Vernunft 617 f. — 5) Kr. d. U. S. 293 ff.
6) Für die Ueberschrift vgl. Mikr. I. S. 303.

Bestehende aus sich selbst in seinem Bestehen und in seinen Bewegungen zu erklären ist[1]).

Hingegen sind jene Fragen, welche die Beziehungen des Gegebenen zu vorausgesetzten Gründen betreffen, denen keine Erfahrung nachkommen kann, als ein Gebiet zu betrachten, an dem die Wissenschaft mit Hilfe anderer Kenntnisse mehr und mehr Teile abzubauen versuchen mag, das sie aber nie hoffen darf, jemals ganz in Wissenschaft zu verwandeln[2]).

Sie versucht nicht, das letzte Wirkliche noch abzuleiten; denn das Gebiet des Kausalnexus, dem sie allein folgt, endet, wo das Werden endet.

Den Zusammenhang, den darüber hinaus die unveränderlichen Elemente des Wirklichen noch hätten, — hat sie zu leugnen keine Veranlassung, aber nicht auf sie beziehen sich ihre Untersuchungen, sondern auf die wirksame Oekonomie, durch welche die Erscheinungen auf jeden Fall verknüpft sein müssen, sowohl wenn eine vernünftige Idee der Welt Aufgaben stellt, als wenn ohne Ziel alles Geschehende blos durch rückwärtsliegende Ursachen in Bewegung gesetzt wird[3])

In diesem weitesten Sinne hat nicht nur die empirische Naturwissenschaft, sondern auch Metaphysik[4]) die Triftigkeit des Mechanismus zu vertreten, der überall da vorhanden ist, wo die Erzeugung von Folgen aus der Wechselwirkung verschiedener Elemente (welcher Art sie auch sein mögen)[5]) nach allgemeinen Gesetzen hervorgeht.

In dieser wechselseitigen Bestimmung der Dinge durcheinander liegt der eigentliche Nerv des sogenannten „Kausalgesetzes", dessen gewöhnliche Fassung („keine Wirkung ohne Ursache")[6]), weil einseitig, durch den Satz zu ergänzen ist: Keine Ursache ohne Wirkung[7]).

---

1) Allg. Physiologie des körperl. Lebens S. 10.
2) ebenda S. 10. — 3) Metaphysik 1879 S. 440. Mikr. III. 226 f.
4) Metaphys. S. 440.
5) Also gleichviel ob körperlich oder seelisch.
6) vgl. S. 14 unserer Arbeit.
7) vgl. Mikr. I, S. 293. Streitschr. S. 57.

Auch das seelische Leben¹) der Menschen und Tiere haben wir dem Mechanismus dieser allgemeinen Wechselwirkung unterworfen zu denken; jedenfalls aber besteht kein Grund, noch haben wir das Recht, irgend einen Teil der körperlichen Natur jenem grossen Kausalzusammenhang zu entziehen.

„Dass die Natur nicht nur ihrem Sinne nach, sondern auch nach den Gesetzen ihres Haushalts notwendig ein Ganzes bilde, dessen verschiedene Erzeugnisse nicht nach verschiedenem Recht, sondern nur nach verschiedener Benutzungsweise desselben Gesetzkreises — oder, was das gleiche ist, nach verschiedener Kombination der Anwendungspunkte, die sie dem Gesetze darbieten, von einander abweichen²): dies gilt Lotze als die grundlegende Voraussetzung, ohne welche eine wissenschaftliche Einsicht in die Natur unmöglich ist.

Einen „unmethodischen Sprung" nennt er daher die beliebte Auffassung, die wie wir sahen, Kant zum Ausgangspunkt seiner teleologischen Betrachtungen machte — wonach ein Teil der Natur (die unorganische) als rein mechanisches Resultat zufällig zusammengeraterer Elemente betrachtet wird, um dann hinterher zur Erklärung des andern Teils, der organischen Welt, die Mitwirkung eines einheitlichen, planmässig wirkenden Prinzips hinzuzufügen³).

„Ausnahmslos universell vielmehr ist die Ausdehnung des Mechanismus im Bau der Welt⁴)."

Wohl kann derselbe an und für sich noch keine Wirklichkeit begründen — Gesetze als solche wirken überhaupt nicht, sondern bedürfen dazu stets einer bestimmten Kombination reeller Anknüpfungspunkte⁵) — so wird er doch mit Notwendigkeit alle Veränderungen in ihr seinem Gesetze unterwerfen.

---

1) Mikr. I, S. 192. — 2) ebenda S. 84.
3) ebenda S. 421. — 4) ebenda Einl. S. XV.
5) Dies scheint Kant bei der Aufstellung seiner „Antinomie" übersehen zu haben: cf. Lotze, Gesch. der Phil. 35.

Werden wir auch das erste Entstehen beweglicher Materie niemals aus blossem Mechanismus der Atome begreifen, so haben wir uns doch in der einmal bestehenden Welt an keinem Punkte auf eine andere Form des Geschehens als die mechanische gefasst zu machen. Von diesem Gedanken aus unternimmt es Lotze, dem grossen Vorbild des frommen Kanonikus von Thorn auch auf dem Gebiete des Mikrokosmus folgend, zugleich mit dem Problem der Entstehung der geordneten Welt auch den Prozess des organischen Lebens „der poetischen Weltanschauung des Gemüts" zu entreissen und der Wissenschaft, d. h. der mechanischen Betrachtung zurückzuerobern.

II.

§. 1. Das gute Recht des Mechanismus im Gegensatz zu den teleologischen Theorien.

Angenommen, aber nicht zugegeben, dass die Welt in jeder Beziehung ein „Kosmos" sei, d. h. dass zweckmässige Ordnung und Harmonie alles Dasein beherrsche, so entsteht die natürliche Frage: woher solche Ordnung?

Die vorwissenschaftliche Anschauung, aber auch die von der hergebrachten Teleologie beeinflusste Naturphilosophie antwortete: aus dem einheitlichen Plan eines überweltlichen aber in der Welt zweckthätig fortwirkenden Willens. So wenig nun Naturwissenschaft Grund hat sich zu weigern, die letzten Prinzipien alles Seins auf jenen (freilich von allen anthropomorphistischen Zügen zu befreienden) zwecksetzenden Willen zurückzuführen[1], so wenig darf man ihr verargen, wenn sie sich nicht entschliessen kann, denselben sich als ein naturwissenschaftliches Erklärungsprinzip aufzwingen zu lassen. Ebenso werden wir uns mit Recht von jenen unklaren teleologischen Theorien abzuwenden haben, wie sie in der Form des Vitalismus und Ani-

---

[1] Allg. Phys. S. 59.

mismus aufgekommen und durch den jüngeren Fichte[1]), Stahl u. A. verfochten worden sind. Die Unfruchtbarkeit der Annahme einer in allem Organischen[2]) teleologisch wirkenden Lebenskraft lässt sich a priori einsehen.

Aus einem einzigen gleichartigen Prinzip nämlich will sie Verschiedenartiges ableiten. Aber solch eine Ableitung ist schlechterdings unmöglich. Wir müssen verlangen, die hinlängliche Anzahl zweiter Prämissen zu erhalten, welche jenes Eine (die vis vitalis) nötigen hier a dort b, hier z. B. die Bildung einer Eiche, dort die des Walfisches zu entwickeln[3]).

Diese Prämissen fehlen.

Aber nehmen wir einmal an, es gäbe eine solche allgemeine Kraft, so muss doch eingestanden werden, dass sie bis jetzt wenig geleistet hat von dem, was ihr als Wirkung zugeschrieben wurde. Beweis dafür sind neben der relativen Ohnmacht jener erdichteten „Kraft" gegen Krankheit und der absoluten gegen den Tod des Organismus[4]) die zahlreichen Beispiele nicht nur des scheinbar Zwecklosen, sondern offenbarer Zweckwidrigkeit. Die vielfach grauenerregenden Missbildungen in der organischen Natur haben von jeher zu denken gegeben. Offenbar wirkt hier nur das Gesetz der Trägheit fort, um mit der Emsigkeit einer bestimmungslosen Notwendigkeit eine einmal begonnene Entwickelung sich zum Unglück des Organismus vollenden zu lassen. Für eine sich freibestimmende Kraft wäre es in solchen Fällen das einzig Zweckmässige gewesen, ihre Wirkung einzustellen[5]). Aber sie thut es nicht! — Vergeblich ist es, sich gegenüber dieser „Emanzipation" des Mechanismus von seiner Idee in die nichtssagende Auskunft eines naiven Optimismus zu flüchten, indem man nach dem Grundsatz der „besten aller

---

1) vgl. Lotzes Streitschr. erstes Heft, 1857.
2) Kl. Schr. I. S. 164 ff. (Art.: Leben, Lebenskraft).
3) Metaph. S. 443.
4) Mikr. I. S. 70 f. vgl. Kl. Schr. I. 216 über die sogenannte Heilkraft des Organismus.
5) Allg. Physiol. S. 114.

Welten" annimmt, dass zu der durch die lebenden Wesen zu erfüllenden Idee oder Bestimmung nicht nur ihre Vorzüge, sondern auch ihre Mängel gehören.

Diese Art der Teleologie, zu welcher dasjenige, was Kant und andre nach ihm „innere Zweckmässigkeit"[1]) nennen, in gefährlicher Verwandtschaft steht, ist offenbar nichts andres als ein verschleiertes Zugeständnis der Gesetzmässigkeit des Weltlaufs.

Auch der Bucklige ist dann vollkommen zweckmässig gebildet, nämlich für einen Buckligen[2]). Aber was will überhaupt der Begriff einer Lebenskraft? Entweder er hypostasiert unter Berufung auf den unseligen Satz des Aristoteles[3]), „dass das Ganze im Organismus vor den Teilen sei," die Idee oder den „Zweck", der doch niemals die wirkende Ursache ersetzen kann[4]), d. h. er enthält den logisch unvollziehbaren Gedanken, dass das Seinsollende Ursache des Werdens sei[5]). Oder aber, die organisierende Kraft wird als realer Faktor gedacht, d. h. man operiert mit ihrem Begriffe wie mit dem einer bekannten Kraft (= einer bekannten wirkenden Ursache); so wird sie sich wie jede einfache Kraft unter den allgemeinen Gesetzkreis zu stellen haben, der ihre Wirkung regelt und nach Umständen einschränkt.

Die körperlichen Elemente nämlich, mit denen sie in Berührung kommt, haben bereits vor ihrem etwaigen Eintritt in den Wirkungskreis einer organisierenden Tendenz ihre feste Natur, ihr bestimmtes Wirkungsgesetz für sich. Entweder also wirkte die „Lebenskraft" durch den Mechanismus der

---

1) Mikr. II. S. 21, wo Kant freilich nicht mit Namen genannt wird.

2) vgl. dazu Kants Apologie der Missbildungen, Kr. d. U. (§. 64) S. 218 f. oben).

3) Lotze, Metaph. S. 451. — 4) Allg. Physiol. S. 55 f.

5) Kl. Schr. I. a. a. O. S. 171: Die „Idee" (oder der Zweck) kann nie Ursache, sondern nur das bestimmende Muster sein, dessen Ausarbeitung durch den gegebenen Konkurs mechanischer Kräfte besorgt wird.

Elemente, oder sie fände an ihm ihren Widerstand. Diesen müsste sie erst überwinden (denn er kann nicht aus blossem Mitgefühl jener dunklen Kraft zuliebe einfach wegfallen [1]).

Dazu aber müsste sie sich notwendig verwandeln in eine dem Widerstand homogene, d. h. physische Kraft und zwar in jedem Augenblick in diejenige, „welche nach allgemeinem mechanischem Recht notwendig und hinreichend ist, um durch ihre Art, Grösse, Richtung u. s. f. unter gegebenen Umständen den verlangten Effekt zu erzwingen."

Dann aber ist auch nicht mehr einzusehen, weshalb man überhaupt noch an einer besonderen „Lebenskraft" festhält, anstatt einfach den einer physischen Kraft als gleichgeltend zu substituieren [2]).

Aus derselben Ueberlegung heraus erledigt sich die Frage, was von der Theorie Stahls zu halten sei, der in der Seele das Lebensprinzip, näher die gestaltbildende Kraft erblickt, welche durch den lebendigen Organismus hindurchscheine [3]). Entweder wird nämlich die Seele als bewusst thätig gesetzt; dagegen spricht, dass erfahrungsgemäss der ganze Körperbau schon vollendet ist, wenn jene zum Bewusstsein aufwacht. Oder aber man nimmt ein unbewusstes Thun der Seele im entstehenden Körper an, — dann macht man die Seele zu einem ebenso unfreien Element [4]) im Bildungsprozess, wie alle die andern Elemente, welche dabei in Frage kommen.

Die Folge ist, dass gerade der Unterschied zwischen immaterieller Seele und den materiellen Bildungsfaktoren, den man retten wollte, vollständig schwindet [5]). Im Uebrigen

---

1) ebenda. Vgl. Streitschr. S. 60.
2) Kl. Schr. I. a. a. O. vgl. Streitschr. S. 61.
3) Metaph. S. 450 f. Neuerdings hat übrigens C. du Prel auf Grundlage der psychologischen Vorlesungen Kants in dem „transcendentalen Subjekt" ein ähnliches Prinzip einzuführen gesucht. cf. „Rätsel des Menschen" u. A.
4) Mikr. I. S. 77 u. A.
5) Mikr. I. S. 25. vgl. zu der ganzen Frage Med. Psych. S. 134 ff.

gelten gegen diese Hypothese dieselben Bedenken wie gegen die Annahme einer besonderen Lebenskraft. Der gemeinsame Mangel dieser und ähnlicher Theorien liegt in ihren fehlerhaften Voraussetzungen. Eine derselben haben wir oben, bei Besprechung der „Lebenskraft" (S. 33) kennen gelernt. Zwei andre heben wir jetzt hervor.

Erstens: Die Annahme, dass es Ereignisse im Naturlauf geben könne, deren Eintritt durch die Summe der gleichzeitigen und vorangegangenen Bedingungen „nicht ausreichend gesichert sei".

Mit anderen Worten also, dass der natürliche Kausalnexus Lücken enthalte, in welche jene zweckthätige Kraft dann in freier Weise, d. h. nur durch die Rücksicht auf den zu erreichenden Naturzweck, sonst durch nichts gebunden eintrete[1]).

Wäre dies möglich, so könnte in der That aus Allem Alles werden. Aber um welchen Preis! — Dass mit dem Hinfallen des allgemein-geltenden Naturgesetzes auch eine zusammenhängende Naturerkenntnis[2]) unmöglich würde.

Zweitens liegt jenen Ansichten das ganz ungerechtfertigte Vorurteil zu Grunde, über welches schon Kant sich wunderte[3]), dass nämlich die Natur sich selbst überlassen, überhaupt und immer nur Unordnung hervorbringen könne[4]).

Thatsächlich bringt ja nun freilich, wie wir sehen, der Naturlauf mit der ihm eignen Unparteilichkeit[5]) nicht nur Harmonisches, sondern auch Unharmonisches, mit dem Zweckvollen auch solches hervor, dessen Zweck wir nicht einsehen, ja dessen Zweckmässigkeit wir mit Recht bestreiten.

Nur dass das Letztere wegen seiner inneren Widersprüche, wegen des Mangels an innerem Gleichgewicht sich

---

1) Streitschr. S. 59 f. — 2) vgl. hiezu allg. Physiol. S. 39 ff.
3) oben S. 18. — 4) Rel. S. 13.
5) Mikr. II. S. 20 ff. vgl. allg. Phys 55 f. u. 114 über das Wesen der einfachen Kraft.

dauernd schwer erhalten kann, während Andres seinen Platz behauptete, nicht weil es wertvoller, sondern eben weil jene dort fehlende Bedingung des Gleichgewichts, oder was auf dasselbe hinaus kommt, die **mechanischen Existenzbedingungen** erfüllt waren.

Wenn hiernach die in der Welt vorhandene Zweckmässigkeit, naturwissenschaftlich angesehen, ohne Widerspruch als Resultat einer mit innerer Notwendigkeit erfolgenden **mechanischen Auslese** erklärt werden kann [1]), so steht der Annahme doch wissenschaftlich nichts entgegen, nach welcher (vgl. Kant) die ersten faktischen Verhältnisse zwischen den Elementen der Welt bereits als **zweckvoll**, d. h. so eingerichtet zu denken sind, dass sie — immer nach **mechanischen Gesetzen** fortwirkend — **Zweckmässiges verwirklichen müssen** [2]).

Alles in Allem führt die Erwägung der teleologischen Theorien zurück zu unserm Ausgangspunkt: der Forderung einer monistischen Naturerklärung, welche die Kluft zwischen Lebendigem und Unlebendigem in der Körperwelt überbrückt durch das für beide **gleiche allgemeine Recht und Gesetz**.

Wie könnte es auch anders sein? Arbeitet doch das Leben mit den gleichen Stoffen, die auch das Reich des Anorganischen zusammensetzen.

Nicht in einer Welt für sich entwickelt sich das organische Leben, — nicht aus ihm eigentümlichen Substraten, sondern aus dem allgemeinen Vorrat des grossen Welthaushaltes nimmt der lebendige Körper, was er braucht, um zu werden, zu wachsen und im Kampf mit der Aussenwelt sein Dasein zu fristen. Ihm gibt er zurück, was er zu kurzem Gebrauch empfangen.

---

[1]) Mikr. II. 17 ff.
[2]) Enc. S. 109. Mikr. I. 74 f. An die Stelle einer stetig handelnden Zweckthätigkeit träte also das („mechanische") Nachwirken erster zweckmässiger Anordnung.

Wie sollte er daher für sich ein andres Lebensgesetz verlangen als dasjenige, welchem die Elemente der Natur aus denen er sich aufbaut, auch sonst, d. h. ausserhalb ihrer Begegnung im lebendigen Organismus gehorchen [1])?

Wie sollte er eben darum für sich eine besonders vornehme Art der Entstehung fordern, d. h. eine solche, die nicht in dem allgemeinen Naturlauf, sondern einzig und allein in der bedeutungsvollen „Idee", welcher der lebendige Körper zum Ausdruck dient, ihren Grund fände?

§. 2. Anwendung der mechanistischen Anschauung auf die Biologie.

Erstens. So braucht sich also der körperliche Organismus nicht zu schämen, ein Automat der Natur, eine Maschine genannt zu werden. Thatsächlich ist er die vollkommenste Maschine (denn er arbeitet mit Kräften erster Hand) [2]), und aller Maschinen lebendiges Vorbild. In der Benutzung der mechanischen Mittel und Gesetze [3]) aber, sowie in der ursprünglichen Anordnung der Elemente [4]) werden wir den bleibenden Unterschied zwischen lebendiger und unlebendiger Materie zu suchen haben.

Gegenüber der missverständlichen und unglücklichen Aeusserung [5]), dass im Organismus alles zweckvoll und nichts vergebens sei, ist festzustellen, dass zum Glück des Organismus die dabei vorausgesetzte absolute Wechselwirkung seiner Teile garnicht besteht. Sonst müssten stets wenn ein Glied leidet, alle Glieder leiden. Dies ist aber nicht der Fall [6]).

Zweitens. Auch das Wachstum des organischen Körpers bedeutet zunächst nichts anderes als die mechanische Anlagerung von Stoffen der Aussenwelt. „Me-

---

1) Mikr. I. S. 25 u. a. — 2) Mikr. I. S. 119.
3) Metaph. S. 447 cf. Mikr. I. — 4) Metaph. S. 447.
5) vgl. S. 36 unsrer Arbeit.
6) Mikr. I. 93. Kl. Schr. I. S. 152.

chanisch" sagen wir, und brauchen uns deshalb die Verknüpfung der Teile durchaus nicht, wie es gern geschieht, nach dem Bilde eines Bündels von Gegenständen vorzustellen, die ohne alle Kraft gegenseitigen Anhaftens erst eines besonderen Bandes (wie der „Lebenskraft") bedürften. Sondern jene Stoffe haben die Kräfte nicht abgestreift, die ihrer Natur vorher eigen waren. Sie treten mit ihnen in den Organismus ein und erhöhen so die Möglichkeit der Einwirkung des Körpers auf die Aussenwelt [1]).

Drittens. Nachdem das Leben niemehr neu entsteht, d. h. jene ursprüngliche Anordnung der Elemente, wie wir sie als die erste Voraussetzung alles organischen Lebens zu denken haben, spontan nie mehr — soweit unsre Beobachtung reicht — eintritt [2]), — nachdem vielmehr die Tradition des Lebens an die Fortpflanzung organischer Keime gebunden ist, haben wir keinen Grund, uns mit dem Gedanken Mühe zu machen, wie Leben überhaupt entsteht.

Wir können vielmehr diese Spekulationen über die erste Entstehung ruhig trennen von der Betrachtung der inneren Administration des Vorhandenen [3]).

Andrerseits besteht auch kein Grund zur Besorgnis, dass die Wissenschaft, selbst wenn es ihr gelänge [4]), eines Tages uns die Stelle anzugeben, da unter bestimmten geologischen und allgemeinen physikalischen Verhältnissen organisches Leben aus unorganischem mit Notwendigkeit entspringen musste, uns damit schon ans Ende oder vielmehr den Anfang aller Dinge geführt hätte. Dahin führt keiner ihrer Wege.

Viertens. Auch den Gang, welchen die Entwickelung des Lebendigen in der Geschichte unsres Planeten genommen, werden wir als eine Spezialfrage der Naturwissenschaft der mechanischen Forschung getrost überlassen. Dass wie überall, so auch auf dem Gebiet des Lebens die Natur keinen Sprung machte, nicht mit einem Zauberschlag

---

1) Mikr. I. S. 68. — 2) ebenda III. S. 14. 18. II. 98.
3) Streitschr. S. 75. — 4) Mikr. III. S. 18.

ihre Gebilde fertig hinstellte, sondern dass diese nur das Ergebnis der **Treue** sind[1]), womit Natur nach den ihr gegebenen Gesetzen arbeitet, dies müssen wir vor aller Erfahrung einsehen. Lotze steht der Hypothese Darwins ebensowenig ablehnend gegenüber, wie er andrerseits wenig wissen will von den anspruchsvollen Theorien, die, einigermassen philosophischen Ursprungs, an Darwins genialen Gedanken sich anschlossen. Schon einige Jahre vor dem Erscheinen des Darwinschen Hauptwerks hatte Lotze selbst die Möglichkeit der Entstehung zweckmässiger Bildungen aus dem Chaos durch dieselben Mittel erwogen, die seitdem als Variation und Sichtung der entstandenen Variationen durch den Streit ums Dasein zu Gegenständen der Tagesfragen geworden sind[2]).

Was die Abstammung des Menschen betrifft, so heben wir aus Lotzes Aeusserungen in Metaphys. 1879[3]) nur den einen Satz hervor: es soll sich der Mensch schätzen nach dem, was er ist, nicht woraus er entstanden ist......

Im Uebrigen hält Lotze die Entwickelung des organischen Lebens aus einem einzigen organischen Keime oder aus lauter gleichartigen Keimen für ebenso unwahrscheinlich, als die Annahme, dass nur an einem einzigen Punkt der Erdoberfläche und nur in einem einzigen schöpferischen Moment die günstigen Bedingungen vorhanden waren, deren es zur Entstehung organischer Wesen bedürfte.

Die ursprüngliche Mannigfaltigkeit einfacher, entwickelungsfähiger Typen ist ihm die wahrscheinlichere Vermutung[4]).

---

1) Kl. Schr. I. S. 218.
2) Mikr. II. S. 137. — 3) S. 465.
4) Metaph. S. 466.

§. 3. Teleologie als heuristisches Prinzip.

Schlussbemerkungen.

Wenn die methodologische Frage: Mechanismus oder Teleologie? vom Standpunkt der naturwissenschaftlichen Forschung nur im Sinne eines mechanistischen Monismus beantwortet werden kann, so wird sich doch auch der nüchternste Realismus dem heuristischen Wert der von Kant empfohlenen teleologischen Maxime nicht ganz verschliessen. Auch der mechanischen Naturerklärung genügt es nicht, die blosse Thatsächlichkeit eines Bestandes, das blosse Gesetz[1]) einer bestimmten Erscheinung einfach hinzunehmen, vielmehr kommt auch ihre Untersuchung nicht zur Ruhe, bis sie die „ratio legis" erfasst hat[2]), die Antwort auf das „Wozu?" des untersuchten Bestandes.

Nur freilich, dass diese ratio nicht die Stelle und den Wert einer lex, die ideale Deutung nicht die einer kausalen Erklärung[3]) beanspruchen darf.

Dagegen kann die teleologische Maxime unter Umständen dazu dienen, kausale Probleme ihrer Lösung (nämlich durch Erratung eines Zweckes den Natur verfolgt) näher zu bringen.

Wissen wir zum Beispiel[4]), dass der Organismus bestimmt ist, sich gegen eine Summe von Störungen in gewissen Grenzen gesund zu erhalten, so lenkt die Rücksicht auf diesen Zweck unsern Blick bei Entwerfung der Hypothesen über die Ursachen des Lebens auf einen kleinen bestimmten Kreis von Vorgängen des Stoffwechsels, aus dem in der That viele Erscheinungen rückwärts die gewünschte Aufklärung erhalten.

Im Ganzen freilich wird sich dem Forscher die Zurückhaltung empfehlen, die in der sicheren Erwartung, dass das heute noch nicht Erkannte, „Gesetzlose" früher oder später sich enthüllen und unter bekannte Regeln bringen lassen

---

1) Metaph. S. 181. — 2) Kl. Schr. I. S. 118. — 3) Allg. Phys. S. 56. — 4) Kl. Schr. S. 150.

wird, lieber offen ihr „ignoramus" bekennt, als durch das Vorgeben blenden zu wollen [1]), die Lücke des Wissens mit Hülfe eines erratenen Zweckes ausgefüllt zu haben. Thatsächlich hat man dadurch nur einen neuen Riss in die Kausalkette und damit in die Natur gemacht.

Schliesslich sind es ja nur zwei verschiedene **Benennungen** desselben Dings, — das ich einmal als „Wirkung," das andremal als „Zweck" betrachte im Verhältnis einmal zu seiner „Ursache," das andremal zu den „Mitteln" der Verwirklichung.

Schritt für Schritt wird sich die in teleologischem Interesse unternommene Untersuchung in die Sprache der mechanischen übersetzen lassen.

Oft genug aber hat teleologischer Uebereifer mit seiner Verwechselung von Zweck und Nebenerfolg namentlich in der Physiologie Schaden angerichtet. Der verderbliche Grundsatz [2]), dass im Organismus nichts zwecklos sei, ist der rechten Deutung desselben vielfach zum Hindernis geworden [3]).

Das ceterum censeo **Lotzes** können wir nach Allem in der Forderung aussprechen, welche wir bereits in der Vorbemerkung zu diesem Kapitel (Allg. Prinzipien) [4]) begründeten: **Mechanische** Erklärung überall da, wo es sich, wie in den von uns (Paragraphen 2) besprochenen Problemen um den **Uebergang von Endlichem zu Endlichem handelt** [5]).

Auf einem ganz andern Gebiet liegt die Frage, wie die Art und Weise erstmaliger Begründung jener faktischen Verhältnisse zu denken sei, an denen diese Uebergänge ihre reale Voraussetzung haben. Dass diese ersten Data selbst nicht rein mechanisch, sondern irgend wie teleologisch kombiniert sein werden, das war für **Lotze** ähnlich, wie für **Kant** höchst wahrscheinlich. Ob diese Wahrscheinlichkeit mehr als blossen Schein, ob sie möglicherweise die Hindeu-

---

1) Allg. Physiol. S. 53. vgl. Mikr. II, 22. — 2) S. oben S. 36. — 3) Kl. Schr. I. S. 152. — 4) s. oben. — 5) vgl. Mikr. I. 437.

tung auf ein Sein enthält, welches als der eigentliche Grund des bisher verfochtenen Mechanismus zu gelten hätte: darüber vermag allein eine tiefergehende Untersuchung der Wirklichkeit entscheiden.

B.
Teleologie und Mechanismus vom Standpunkt der Wissenschaft höherer Ordnung.

Das „gleiche Recht und Gesetz" hatte Lotze für alle Teile des grossen Welthaushaltes gefordert. Nur so schien ihm ein wissenschaftliches Erkennen der Natur überhaupt möglich. Kein Gebiet der materiellen Welt, auch nicht das für besonders aristokratisch gehaltene des Lebendigen durfte oder brauchte sich einer mechanischen Erklärung zu entziehen. Das „letzte Wirkliche," welches die mechanische Wissenschaft zur Erklärung der organischen Vorgänge, übrigens ohne Vorliebe für einen notwendig chaotischen Anfang [1]), — glaubte annehmen zu müssen, noch weiter abzuleiten, dazu fehlte ihr das Recht wie die Veranlassung.

Hier setzt nun die Metaphysik ein. Sie vermag uns nicht darüber zu belehren, wie „Sein" und Wirklichkeit „gemacht" wird, wohl aber wird sie zeigen, wie der ganze Traum der Selbständigkeit des Mechanismus nichts ist [2]), das heisst also, dass wir die gegen Kant und doch wohl in seinem Sinne behauptete Notwendigkeit universeller Anwendung mechanischer Prinzipien zurückzunehmen hätten? Nein; aber in viel weiterem Sinne, und von einer genaueren Position aus haben wir mit ihm die Denkbarkeit eines Welt-

---

[1]) Vgl. ausser den oben Seite 37 zitierten Stellen Mikr. II, Seite 36. . . . . .

[2]) vgl. Mikr. I. 422 cf. I. 450. Mikr. I, Einleitung S. XV: wie ausnahmslos universell die Ausdehnung, wie völlig untergeordnet die Sendung ist, welche der Mechanismus im Bau der Welt zu erfüllen hat."

laufs zu bestreiten, der nur materielle Vorgänge an andere materielle Vorgänge nach allgemeinen Gesetzen knüpfte [1]). Nicht erst die besondere **Zweckmässigkeit** der organischen Formen, sondern die einfache und doch nicht weniger wunderbare [2]) **Thatsache der allgemeinen Wechselwirkung** fordert uns auf, den Begriff des Mechanischen im Sinne einer idealistischen Naturauffassung zu erweitern und zu vertiefen. Es wird sich zeigen, dass wir damit keine der bisher verfochtenen Stellungen aufzugeben genötigt sind.

§. 1. Der Mechanismus und die geistigen Atome.

„Mechanisch" nennt Lotze seine Naturansicht, und doch, wie weit ist er mit seiner Anschauung entfernt von der eines Cartesius oder gar eines Demokrit! Hatte er schon in der „Allgemeinen Physiologie" [3]) betont, für das Lebendige bedürfe es freilich einer anderen Mechanik als der in der Physik angewandten, so lehrt uns Mikrokosmus und „Metaphysik", dass aller Mechanismus einen lebendigen [3]), sagen wir gleich: geistigen Hintergrund voraussetze. Negativ ausgedrückt: dass die tote Materie [4]), der blinde [5]) Mechanismus, von denen Kant redet, in der Natur nirgends anzutreffen sind.

Die in der gewöhnlichen Auffassung von mechanischem Wirken vorausgesetzte **Inhaltlosigkeit und Gleichgiltigkeit der Dinge gegeneinander** existiert in der wirklichen Welt gar nicht. „Was wir z. B. beim Stoss und Druck, auf den die meisten der so für „mechanisch" gehaltenen Bewegungen zurückkommen, beobachten: die bleibenden oder elastisch ausgeglichenen Deformationen der Körper, die innern Schwingungen, die als Schall und Wärme bemerkbar werden, — sie beweisen, wie das Innere der Dinge bei aller

---

1) Metaph. S. 136. Mikr. I. 410.
2) Mikr. I. S. 311 und die späteren Zitate.
3) Allg. Phys. S. 125. — 4) s. oben S. 29 cf. Mikr. II. 14.
5) Mikr. II. S. 52.

äussern Wechselwirkung in lebhafter Mitthätigkeit sich befindet. Wie viel von diesen „Nebenwirkungen" eintreten, hängt allein von den inneren Gegenwirkungen ab, mit denen die kleinsten Teile der Körper aneinander haften, — immer also von Kräften, die aus dem Innern der Dinge quellen[1]). Das absolut starre Atom ist so gut wie der absolut feste Körper und das Gesetz der mechanischen Resultantenbildung eine blosse Abstraktion der Wissenschaft[2]). Für ihre Berechnungen mag sie vollkommen mit diesen Abstraktionen auskommen. Die Frage nach der wahren Natur jener Elemente und ihre Beziehungen zu einander wird dadurch aber nicht aus der Welt geschafft.

Nichts hindert nun, ja eine tiefere Betrachtung legt es nahe, die Urbestandteile der Atome als übersinnliche **geistartige Wesen**[3]) zu fassen, die zwar nicht den Raum erfüllen, aber ihn beherrschen, und durch ihre Wechselwirkung sich ihre Entfernung und gegenseitige Lage vorzeichnen: — reale Kraftcentra also, in deren innerer, durchaus eigentümlicher Beschaffenheit, die Möglichkeit begründet ist, Wirkungen auszuüben und vor allem zu **erleiden**, d. h. von anderen Elementen so affiziert zu werden[4]), dass sie auf die ihnen von dorther kommenden Reize zurückwirken.

Im Gegensatz zum **Materialismus**, mit welchem die mechanische Ansicht oft verwechselt worden ist, hätten wir uns demnach schon in den ersten Elementen, aus deren Wechselwirkung für sie (wie für die sinnliche Anschauung unsres bewussten Vorstellens)[5]), der Schein ausgedehnter Materie entsteht, den Funken geistigen Lebens regsam zu

---

1) Metaphys. S. 434. — 2) Metaph. S. 433. vgl. damit was S. 437 f. über die abstrakte Scheidung zwischen „Mechanismus" und „Chemismus"; — Mikr. I, 68, über den dynamischen Charakter des Wachstums gesagt ist. — 3) Mikr. I. S. 10.

4) „Sein" heisst in Beziehung stehen Mikr. III. S. 474 = „von diesen Beziehungen leiden." 484; III. 524.

5) vgl. die metaphysische Begründung der von Kant für apriorisch d. h. überhaupt nicht erklärten Raumvorstellung Metaph. 222 ff. cf. Mikr. III. 490 ff.

denken ¹). Nicht blosses Dasein also, sondern ein mit dem Selbstbewusstsein des Wesens, das sich als „Ich" weiss, vergleichbares und in niederem Grade verwandtes ²) Fürsichsein³) wäre den ersten Elementen und damit Allem zuzuschreiben, was wir als Vielheit von „Dingen" auf sie zurückführen.

Und der Mechanismus? Er bliebe freilich das Gesetz ihrer Veränderungen. Aber „nicht ausschliesslich, so dürften wir vermuten, knüpft die strenge Notwendigkeit des Mechanismus, welche über die Bildung der Dinge herrscht, an äussere Zustände andre äussere Zustände, sondern an jedem Punkt ihres Verlaufs steigt sie in das Innere der Elemente hinab und gesteht den vernünftigen Regungen, die sich dort entwickeln, einen gesetzlich abgemessenen Einfluss auf die Gestaltung der weiteren Zukunft zu ⁴).

So wären denn die ersten Zusammensetzungen der Elemente, auf denen die bunte Mannigfaltigkeit der Lebensformen beruht, nicht zusammengeschüttelt wie in einem Kaleidoskop durch die Laune des Zufalls, oder entstanden nur als das Resultat mechanischer Auslese: vielmehr dürften wir annehmen, dass, wie die thatsächliche Ordnung des Alls, so die zweckmässigen Formen ihren ersten Ursprung eben in jenem uns unbekannten Innern der Elemente haben⁵) Die freilich erst durch lange Entwickelung gewonnenen harmonischen Zustände wären in dem allem geistigen Sein eignenden Streben nach zweckmässigem Aufbau, nach Selbstentwickelung Vervollkommnung Fortschritt begründet⁶): die organischen Wesen wären die glücklichen Erzeugnisse, in welchen „viele Elemente, ursprünglich durch Zufall zusammengeführt, in ein und derselben Anordnung, der sie sämmt-

---

1) Mikr. II. S. 32. — 2) Mikr. III. S. 536. cf. I. 449. Metaph. S. 186. — 3) Realsein = Fürsichsein. Mikr. III. S. 531.

4) Mikr. II. S. 39.

5) vgl. Med. Psych. S. 123 f. (§. 11: Ausdehnung der Beseelung).

6) Ein Gedanke, den unbestimmter C. E. von Baer als „Zielstrebigkeit der Natur" ausgesprochen. vgl. Metaphys. S. 452. Mikr. II. S. 38.

lich zustreben, alle die Bedürfnisse befriedigt fanden, die ihre Begegnung in ihrem Innern weckte"[1].

Schon scheinen wir mit den letzten Ausführungen weit über die Grenzen dessen, was gewöhnlich Mechanismus genannt wird, hinausgegangen zu sein. Und doch, wir müssen noch weiter.

Auch bei der so vergeistigten Auffassung gesetzlicher Wechselwirkung bleibt ein Bedenken übrig. Kann wohl die Einheit aus dem Chaos, ja kann die Möglichkeit der Wechselwirkung (und des Wechselleidens) zwischen den **Elementen** des Seins irgend wie eingesehen werden, wenn kein gemeinsames Band **von Anfang an Alle** umschloss — d. h. wenn jene Einheit nicht bereits von Anfang an vorhanden war?

§. 2. Der Mechanismus und die Geistnatur des tragenden Grundes.

Wer das Rätsel der Wechselwirkung zugibt und die Lösung darin erkennt, dass nicht **Vieles** am Anfang war, sondern **Eines**, in dem die Vielen verbunden gedacht werden müssen, der wird weiter fragen: worin kann dieses Eine bestehen?

In dem allwaltenden **Naturgesetz** etwa, das als vorzeitlicher wesenloser Rechtskodex[2] allem Wirklichen vorangegangen wäre, ohne doch angeben zu können, wo es sich eigentlich aufhielt, ehe die Welt ward? Oder sollte der gemeinsame **Raum**[3] oder einfach gleichzeitiges Dasein hingereicht haben, um die Möglichkeit mechanischer Wechselwirkung, das heisst der Verschmelzung von einander spröde abgeschlossener **fürsichseiender** Elemente zu dem gediegenen Ganzen einer Welt, einer Natur[4] zu begründen? Nimmermehr. „Nicht der Schatten einer Naturordnung, nur die volle Wirklichkeit eines **unendlichen lebendigen Wesens**, dessen innerlich ge-

---

1) Mikr. II. S. 39. — 2) Mikr. III. S. 582 f. Metaph. S. 166.
3) Mikr. I. S. 426. — 4) Mikr. I. S. 427.

hegte Teile die Dinge sind, kann die Mannigfaltigkeit der Welt verknüpfen und ihre Kluft schliessen [1]. Wenn alles Endliche, wie wir sahen, nur wirkte durch das, „was es ihm Verborgenen Besseres ist als es scheint" [2], so haben wir diese Einsicht jetzt dahin zu ergänzen, dass das Endliche nur wirkt durch sein Beschlossensein im Unendlichen. Vom Ihm, dessen lebendige Teile [3] sie sind, entlehnen die Vielen wie ihr Realsein so die Möglichkeit gegenseitiger Beziehungen, die Verpflichtung zum Austausch ihrer Zustände. In Ihm geschehen alle, auch die kleinsten physischen Vorgänge [4], von denen vorhin nur behauptet wurde, dass sie im Inneren der Dinge sich abspielten. Freilich, wie jenes Innere der Dinge, so bleibt uns auch die Natur dieses Einen Unendlichen, des tragenden Grundes aller Wirklichkeit verborgen. So viel ist klar, dass wenn dies Eine Wirklichkeit haben und begründen soll, wir ihm in erhöhtem, absoluten Sinne Geistigkeit und Vernünftigkeit, den Charakter alles wahren („realen") Seins beizulegen haben. Weder die Abstraktion einer „unveränderlichen Substanz" [5] noch die Fiktion einer „unbewussten träumenden Weltseele" [6], sondern das lebendige Bewusstsein eines zusammenfassenden Geistes [7] hätten wir als das einigende Band zu denken, welches die Welt im Innersten zusammenhält.

Nicht sowohl seine Schöpfung, als der unmittelbare Ausdruck seines Willens [8] wäre das Reich [9] der Wesen, welches der sinnlichen Welt zu Grunde liegt.

Ein Spezialfall, ein ephemerer Ausdruck eines unendlich höheren und in ihr keineswegs sich erschöpfenden Sinnes [10] wäre die uns bekannte irdische Natur und die Stufenreihe ihrer lebendigen Geschöpfe. Den Mechanis-

---

1) Mikr. I. S. 428. — 2) Mikr. I. S. 423.
3) „Modi" (Metaph. 142 cf. Mikr. III. S. 535. — 4) Mikr. I. S. 440.
5) Kl. Schr. II. S 196 unten . . . — 6) Mikr. II. S. 12.
7) Kl. Schr. III. S. 569. III. S. 623. — 8) Mikr. III. S. 599.
9) bezw. die Stufenreihe. — 10) Mikr. II. S. 59.

mus aber, dessen Gesetz sie alle beherrscht, hätten wir als das Gewand anzusehen, in welches sich jener thätige Sinn der Welt [1]) kleidet, als das Kreuz [2]) gleichsam, welches die ewige „Idee" [3]) auf sich nimmt, als die Form des Wirkens, an die sie sich in ethischer Freiheit bindet [4]). Kein hexendes Prinzip ist das Absolute; nicht ex vacuo bringt es, weil nun mal dies seine Absicht war, hier das, dort jenes hervor. Es schafft auf der breiten Grundlage einer ebenso gewollten gesetzlichen Oekonomie.

So kommt es denn, dass jedes Ereignis in der Welt, auch jede organische Entwickelung Schritt für Schritt aus den Gegenwirkungen zu entstehen scheint, die den verbundenen Elementen ihre konstante Natur zur Notwendigkeit gemacht hat — thatsächlich aber liegt hinter der mechanischen Entwickelung als die eigentliche Thätigkeit, welche diese Form der Erscheinung annimmt, die vereinigende Regsamkeit des Einen [5]).

§ 3. Das Unendliche und die Frage der Ableitung des Endlichen aus dem schöpferischen Grunde.

Aus dem Gesagten erhellt schon, dass es Unmögliches begehren hiesse, wenn man von uns verlangte, die konkrete Natur unmittelbar als notwendige Folge ihres tragenden Grundes aus jenem Einem abzuleiten.

Diese Zumutung wäre ebenso widersinnig als der Versuch, vorausbestimmen zu wollen, in welche Inhalte die schaffende Kraft des höchsten Prinzips hätte ausbrechen müssen [6]). Dies eben war der Fehler der idealistischen Naturphilosophie Hegel-Schellingischer Richtung, dass sie die letzten notwendigen und möglichen Gedanken zu den ersten machte — und das Unmögliche wagte, nicht nur die Welt der sittlichen Werte [7]), sondern auch die Welt der

---

1) Metaphys. S. 604. — 2) Kl. Schr. II. S. 197.
3) Für den Ausdruck vgl. Kl. Schr. II S. 195; Allg. Phys. S. 59; Metaph. S. 462. — 4) Streitschr. S. 57. — 5) Metaph. S. 455. — 6) Mikr. II. S. 9. — 7) Mikr. II. S. 11. 13 f.

Sterne, Bäume, Steine, die Gestalten des geistigen wie des vegetativen und tierischen Lebens unmittelbar aus der göttlichen Notwendigkeit des Unendlichen hervorgehen zu lassen¹). Ja, weshalb hat sie denn ihr dialektisches Idyll²) nicht zu Ende geführt, nicht auch versucht, die Thaten des Hebels und der Schraube, die Gesetze des Gleichgewichts, des Druckes, Stosses, der Spannung u. s. f. ebenfalls abzuleiten? Aber das ganze Unternehmen war eben und bleibt unmöglich. Unmöglich schon deshalb, weil es von der so oft, freilich meist nur im vorwissenschaftlichen Denken uns begegnenden Täuschung ausging³), als wäre der kleine Ausschnitt des Wirklichen, der uns auf diesem Planeten gegeben ist, die volle Wirklichkeit; als wäre der beschränkte Ausblick in den Plan des Ganzen⁴), wie ihn uns Menschen unser Wohnen auf der Erde verstattet, der einzige, der überhaupt, also auch auf einem höheren Standort, in Frage kommen könnte.

Wir werden auf diesen Punkt noch zurückzugreifen haben. Der Hauptgrund jedoch, weshalb alle derartige Deduktionsversuche scheitern müssen, liegt in dem nun einmal bestehenden Verhältnis, in welches der erste und letzte Grund aller Wirklichkeit, den wir voraussetzen müssen, sich selbst zu der Welt seiner endlichen Erscheinung gesetzt hat. Das Unendliche „existiert in der That und wirkt nur noch in Gestalt der abgeleiteten Prinzipien, in die es sich selbst verwandelt hat"⁵). Indem wir also darauf verzichten, — und wie sollten wir es nicht? — die konkrete Natur aus dem uns unbekannten Innern des Absoluten abzuleiten, indem wir vielmehr alles äussere Geschehen auf mechanische Verkettung zurückführen, „handeln wir nur im eigenen Sinn des Unendlichen und ehren sein Gebot"⁶). Gewiss ist nirgends der Mechanismus das Wesen der Sache, aber nirgends gibt sich das Wesen eine andere Form seines Daseins als durch ihn⁷).

---

1) Mikr. II. S. 13 ff. — 2) ebenda S. 62. — 3) ebenda S. 16.
4) Metaph. S. 458. — 5) Mikr. I. S. 436. — 6) ebenda S. 436.
7) ebenda S. 451.

Auch jetzt noch bleiben für uns die Atome, aus denen sich das Leben der organischen wie der anorganischen Welt (wenn wir diesen Unterschied noch festhalten wollen und dürfen) aufbaut, Träger eines unverbrüchlichen materiellen Mechanismus.

Auch das geistige Leben, wie es sich in der höchsten Potenz, also den bewussten Wesen in Fühlen, Vorstellen, Begehren offenbart, vollzieht sich wie innerlich gesetzmässig so nach aussen gebunden an die bleibenden und in ihren Bewegungen festen Gesetzen unterworfenen körperlichen Elemente [1]: ein „psychophysischer Mechanismus."

Und wenn die Entstehung der Welt aus dem Chaos für uns nicht mehr die letzte Wahrheit bildet, d. h. wenn sich „Alles mechanisch erklären lässt, nur nicht die Prinzipien des Mechanismus" [2]: so behält doch die Vorstellung eines in blinder Gesetzmässigkeit sich abwickelnden Prozesses auch auf diesem Standort eine relative Berechtigung, nämlich als die eine Seite eines Vorgangs, den die metaphysische Betrachtung zwar als die Aeusserung eines innerlichen Geschehens verstehen lehrt, der aber jedenfalls und unter allen Umständen so und nicht anders vor sich ging, d. h. durch keine andern Mittel sich verwirklichte, ob nun eine höhere Macht dem Prozesse vorstand oder nicht [3].

So führt denn der Flug in die Höhe, aus der wir allein das Getriebe der materiellen Welt zu verstehen glaubten, schliesslich auf die Bahnen zurück, welche die erste Wissenschaft vorzeichnete. — Wir können die Mitwirkung des Unendlichen, an die wir zu glauben allen Grund haben, für die Durchführung und Erklärung im Einzelnen nicht verwerten. Keine Ableitung aus dem höchsten Prinzip, nur die bescheidenere Aufgabe kann uns zufallen, das Endliche auf seinen Urquell, das Unendliche, zurückzudeuten [4].

---

1) Mikr. I. S. 386. vgl. Med. Psych. S. 66 ff.
2) vgl. Allg. Phys. S. 59. Metaph. 1841 S. 255.
3) Mikr. II. S. 7. III. S. 227. vgl. auch III. S. 6.
4) Metaph. S. 179 f. S. 424.

§ 4. Die regressive Interpretation und die letzten Rätsel.

Wie Lotze sich die hier gestellte Forderung im Einzelnen durchgeführt denkt, werden wir gleich sehen. Zunächst halten wir uns die allgemeinen Gedanken nochmals vor, wie sie in Kürze schon oben S. 48. 49 zum Ausdruck kamen.

Ein für alles Gegebene gleiches Recht und Gesetz hatte die mechanische Wissenschaft, — Ein reales wirkungsfähiges Wesen die Metaphysik postuliert, während sie dem Mechanismus nur noch in untergeordneter Weise Geltung zugestand, als der Form nämlich, in welcher der schaffende Grund der Welt thätig ist.

Gesetzt nun, es gäbe also auch jetzt noch[1] für uns „ein Gebiet des blinden absichtslosen Mechanismus, das wir dem andern gegenüberzustellen hätten, in welchem die bildende Thätigkeit des „Einen" deutlicher hervorträte, — so beruhte der Unterschied nicht darauf, dass dort die Herrschaft einem eigentümlichen Prinzip überlassen würde und erst im anderen der einheitliche Weltgrund auf unbegreifliche Weise versuchte, diese ihm fremde Macht zu meistern: sondern hier wie da war es nur Es selbst, dies ewig thätige Eine; der Unterschied lag nur in dem, was es gebot: dort die stets gleiche Verkettung allgemeingesetzlicher Wirkung, hier die Entwickelung und Mannigfaltigkeit des Besonderen."

Auf die Probleme der Biologie angewandt, lassen sich diese allgemeinen Gedanken in folgende Sätze zusammenfassen:

a) Ueberall[2], wo bildsame Stoffe vorhanden sind, da ist auch das Eine Absolute zugegen, nicht als „denkbare Idee, als wirkungsloser Typus oder als Befehl, Wunsch, Ideal zwischen, neben, über den zusammengekommenen Elementen, sondern als reales, wirkungsfähiges Wesen im Innern jeden Elementes... nicht als teilbarer Stoff, sondern in jedem

---

1) Metaph. S. 455 ff. — 2) ebenda.

einzelnen ganz, als die alle zusammenfassende, begründende Einheit, die vermöge ihres Sinnes in jedem dieser unselbständigen Elemente diejenige Thätigkeit begründet, welche die Konvergenz des Wirkens zu dem bestimmten Ziele sichert."

b) Wenn wir dem Entwickelungsgedanken sympathisch gegenüberstanden, so erhebt sich auf der Höhe der Betrachtung, zu der wir jetzt gelangt sind, die Frage:

Sind die irdischen Bildungen in ihrer Stufenordnung wirklich gleichsam nur Uebungsbeispiele, von welchen die vervollkommnete Fähigkeit des schaffenden Weltgrundes sich später gleichgültig abwendet, — Nebenarbeiten, auf dem eiligen Hinweg zur höchsten Gestalt des Menschen entworfen? Aber warum warf er diese Formen dann nicht weg, sondern konservierte sie geflissentlich neben den höheren?

Hier setzt nun die ideelle Deutung mit ihrer freilich nur als Vermutung gemeinten Hypothese ein:

Nicht als Durchgangspunkte, wenn auch möglicherweise auseinander entwickelt, treten nach und nach die verschiedenen Typen des Lebendigen auf.

Jede der Stufen, welche die Natur in ihnen durchläuft, wird ihre besondere Bedeutung haben. „Soviel Lagen der Dinge, soviel eigenartige Kombinationen der Umstände, soviel Schauplätze des Wohnens und sich Bewegens die Oberfläche der Erde in ihren Tiefen, Höhen, ihrem Luftkreis, dem Flüssigen und Festen darbietet, — soviel Aufforderungen gab es für die schaffende Vernunft, Wesen zu erzeugen, deren jedes durch die Eigentümlichkeit seiner Organisation befähigt wäre, sich einer dieser Lagen anzuschmiegen, sich in ihr, als ihrem Lebenshorizont, einzurichten, Alles, was sie an Anregung zu Empfindungen und eigner Thätigkeit darbietet, auszukosten und zu einem völlig charakteristischen Dasein des Genusses und der Phantasie zu verwerten" [1]).

Mögen wir im Einzelnen übrigens uns die Bedeutung der feststehenden irdischen Typen denken wie wir wollen;

---

1) Mikr. II. S. 63. vgl. S. 68.

wir werden uns dabei vor dem mystischen Hange jener spekulativen Richtung zu hüten haben, der in rein formalen Beziehungen [1]) und allgemeinen Begriffen die tiefsinnigen Muster erblickt, nach denen die organisierende Idee, oder wie wir, um Missverständnisse zu vermeiden, lieber sagen wollen, der lebendige Sinn der Welt arbeite. Nur der beschränkte terrestrische Naturlauf liegt vor unsern Augen. Wie könnten wir glauben, dass die schöpferische Idee sich in der Formenwelt erschöpft habe, die jener uns darbietet [2])?

Nach allem hätten wir in der Natur und dem Leben nicht das blinde Nachspiel einer Kraft zu sehen, die sich vom abrollenden Mechanismus zurückgezogen, wie die deistische Ansicht zu glauben beliebt. Sondern in ihm selbst, dem Mechanismus, führe sie fort, wirksam zu sein [3]), wirksam, wie wir wohl annehmen müssen, in gewisser Freiheit; aber auch da, wo sie neue Anfänge begründet, nicht gesetz- und prinziplos, nicht willkürlich, wie es dem Absoluten geziemt.

Freilich, die letzten schwersten Rätsel, welche die Welt im ganzen wie das Leben im besonderen aufgiebt, wird auch der philosophische Glaube, den die bisherigen Sätze aussprechen, nicht annähernd lösen.

Woher die Schatten [4]) auf dem Bild des Lebens, das uns durchaus nicht überall freundlich anschaut? Woher die Hemmungen und Widerstände, welche der Naturlauf eben jenen Trieben hindernd in den Weg gestellt, die er hervorrief? Metaphysisch gesprochen, wo liegt der Grund, dass das „Streben zum Bessern", welches wir früher hypothetisch in den Elementen annahmen, und nun denselben als Seins- und Bewusstseinsstufen Eines umschliessenden Weltgrundes mit Notwendigkeit zuschreiben müssen [5]). — woher kommt es, dass dieses Streben sein Ziel so vielfach

---

1) Mikr. II. S. 70. vgl. Allg. Phys. S. 161 f.
2) über die Seele als höchste der realen Gestalten, „welche die ewige Idee verlangt," s. Kl. Schr. II. S. 198 ff.
3) Metaph. S. 456. — 4) Mikr. I. S. 424.
5) Metaph. S. 457.

nicht erreicht? Woher die Existenz des Uebels und all der Zweckwidrigkeit in der Natur? Wir vermögen diese Fragen, die uns auf dem Standort der ersten Wissenschaft wenig schreckten und in der Berufung auf die Natur jeder mechanisch wirkenden Kraft ihre Erledigung fanden, ebensowenig zu lösen wie die Frage nach dem Ursprung des Bösen in der sittlichen Welt. Eine theoretisch befriedigende Antwort wäre nur möglich, wenn wir eine Einsicht in den Weltplan hätten — falls es einen solchen gibt, worüber die Metaphysik nichts zu sagen weiss [1]).

Wohl aber können wir zu einer praktischen Lösung jener Rätsel gelangen. Sie liegt — wenn wir **Lotze** recht verstehen —, in dem **sittlichen Glauben** [2]), auf welchem schliesslich das ganze Zutrauen zur Wahrheitsfähigkeit unseres Erkennens beruht [3]), dass nämlich diese wunderbare Welt als Ganzes von einem vernünftigen Sinne beherrscht und wesentlich zur Verwirklichung eines unbedingt wertvollen Zieles berufen sei — eines **ethischen Endzweckes**. Wie nämlich alles mechanische Geschehen in der Natur — die Thatsache der einfachen Sinnesempfindung beweist es [4]) —, seine wahre Bedeutung nur darin haben kann, dass an ihm sich ein höheres geistiges [5]) Geschehen entzünde: — so wird auch die Welt als Ganzes [6]) nur begreiflich, wenn wir sie nicht als Selbstzweck, sondern als Mittel zur Realisierung eines **unbedingten Wertes** anschauen lernen. Die freie, sich selbst geniessende [7]) Schönheit des **Guten**, in welchem wir diesen tiefsten Sinn, dieses letzte Ziel von Natur und Geistesleben zu suchen haben, kann aber weder in der irdischen Geschichte noch in dem sittlichen Handeln [8]) der endlichen Geister ihren höchstmöglichen Ausdruck finden.

---

1) Metaph. S. 458. — 2) Streitschr. S. 87. vgl. Mikr. III. 231. I. 447. — 3) Grdr. d. Gesch. d. Philos. S. 32. Metaph. S. 183. vgl. Streitschr. S. 57. Mikr. III. 230. — 4) Mikr. I. 450. — 5) Metaph. 424. — 6) von der „Natur" im engern Sinn zu unterscheiden als die Zusammenfassung von Natur und Geistesleben.
7) Streitschr. S. 57. Mikr. III. 615. — 8) Streitschr. S. 54.

Sie existiert überhaupt nur in dem Einen, der aller Werte[1]) lebendiger Inbegriff ist, dem Absoluten, während uns endlichen Wesen die Bestimmung gegeben zu sein scheint, im Blick auf das höchste Ziel, im Ringen mit der Unvollkommenheit unseres physischen Daseins unser zwiespältiges Leben zu führen und zu endigen [2]).

Drittes Kapitel.
Vergleichende Beurteilung.

Den Gesichtspunkt, unter welchem wir das Verhältnis von mechanischer und teleologischer Naturerklärung bei Kant und Lotze vergleichen wollen, hat die Einleitung bereits angegeben.

Eine bedeutende Entwickelung philosophischen Denkens, eine vielleicht noch bedeutsamere Erweiterung naturwissenschaftlicher Einsicht kennzeichnet den Zeitraum von fast hundert Jahren, der die „Allgemeine Theorie und Naturgeschichte des Himmels" von Lotzes „Mikrokosmos" trennt.

Aber nicht nur allgemein historisch, sondern auch individuell bedingt ist der Unterschied, den wir a priori zwischen der Kantischen Naturauffassung und derjenigen Lotzes zu erwarten hatten. Die philosophische Eigenart der beiden Denker, der verschiedene Lebensgang, den sie geführt worden sind, spiegelt sich notwendig in der Art und Weise wieder, wie sie die in unserem Thema bezeichnete Grenzfrage in Angriff nehmen. Wiederholt hatten wir bei der Darstellung der Lotzeschen Ansicht Gelegenheit, auf Kant zurückzublicken. Lotze selbst hat seine „mechanische" Naturauffassung zum Teil in bewusstem Gegensatz zu Kantischen Aeusserungen entwickelt.

Dass trotz alledem die Berührungspunkte zwischen Kant

---

1) Mikr. II. 1. 615. Kl. Schr. II. S. 197. — 2) Mikr. I. S. 452. Streitschr. S. 89.

und Lotze näher sind, als es auf den ersten Blick erscheinen mag, — zahlreicher als die Gegensätze: hiervon möchte das vorliegende Kapitel gern überzeugen. Wie weit Lotze sachlich über Kant hinausgegangen sei, sollte dieser letzte Hauptteil ausführen. Jetzt möchten wir genauer fragen: wie viel hat, unbeschadet der Unterschiede im Einzelnen, Lotze von den wesentlichen Grundlagen Kantischer Naturauffassung festgehalten? Wie fern — oder wie nahe stand Kant den Grundgedanken des Weltbildes, zu welchem Lotze seine Naturansicht über Kant hinaus erweitert?

Versuchen wir, unter diesem Gesichtspunkt uns noch einmal, immer mit Bezugnahme auf die Kantischen Positionen, Lotzes naturphilosophische Anschauungen in Kürze zu vergegenwärtigen.

Wie Kant, nur energischer als dieser, geht Lotze von der Forderung immanenter Naturerklärung aus. Beiden ist das Prinzip des Mechanismus das einzige wissenschaftliche Erklärungs("Ableitungs")prinzip. Die Befugnis und Verpflichtung mechanischer Erklärung reicht für Beide genau so weit als das Gebiet des Kausalnexus, d. h. als das Gebiet der Erfahrung überhaupt.

Das Eine Recht und Gesetz, welches Lotze auf alle Teile des Naturhaushaltes ausgedehnt wissen will, hat auch Kant nie ernstlich bestritten.

Gegen die beiden Missverständnisse, zu denen nach Lotze[1]) Kants „Antinomie" Veranlassung gibt, — nämlich (Thesis) als ob mechanische Gesetze als solche schon Wirklichkeit begründen, andrerseits (Antithesis) als ob jemals Naturerzeugnisse vorkommen könnten, welche imstande wären, sich dem Gesetz mechanischer Vermittelung zu entziehen, — schützt u. E. eine hinlängliche Reihe von Stellen der K. d. U.[2]), in welchen Kant sich über die durchgängige Notwendigkeit von Mittelursachen ausspricht.

Andrerseits ist zugegeben, dass Kant durch die, wenn auch nur hypothetische Annahme idealer Ursachen zur

---
1) Grundz. d. Gesch. d. Phil. S. 35.
2) K. d. U. S. 259. 261 u. a.

Erklärung des Organischen eine dauernde Scheidewand zwischen Natur und Natur aufgerichtet hat. Lotze gibt diese Scheidung nicht zu. Wohl wird sich auch nach ihm, da bisher das Hervorgehen organischen Lebens aus unorganischer Materie nicht beobachtet worden ist, die Wissenschaft jener Annahme Kants nicht zu verschliessen brauchen, dass die ersten Keime des Lebendigen bereits zweckvoll organisiert waren. Sie kann die ganze Frage nach der ersten Entstehung des Lebens ruhig der philosophischen Spekulation anheimgeben. Freilich, ohne weiteres wird die Forschung sich an jenem dunklen Punkte noch nicht Halt gebieten lassen. Denn wer will sagen — auch Kant[3]) wagt keine Entscheidung darüber — wie weit die Anfänge mechanischer Verknüpfung zurückliegen? Wahrscheinlichkeitsgründe, „ideale" Gesichtspunkte, welche Lotze in seiner Weltanschauung höherer Ordnung geltend macht, können auch nach ihm für den Forscher unmöglich massgebend sein. So wird sich die empirische Wissenschaft, dem Naturlauf vergleichbar, den sie zu begreifen sucht, durch keinerlei Vorliebe für irgend ein wertvolles Ziel, davon zurückhalten lassen, ihren Weg mechanischer Erklärung bis zu Ende, d. h. so weit zu verfolgen, als sich irgend ein Durchgang zeigt.

Aber bleiben wir einmal stehen bei dem Lebensprozess, wie er heute uns vor Augen liegt, dem fertigen Organismus: Lotze ist der letzte, welcher das Rätsel leugnen möchte, das unserm Verstande hier aufgegeben wird.

Die durchaus eigentümliche Anwendung, welche die uns auch sonst bekannten allgemeinen Wirkungsgesetze in dem lebendigen Organismus erfahren, darf uns jedoch nicht hindern, die Geltung dieser Gesetze auch für dieses wunderbare Gebiet auszusprechen.

Eine ganz andre Frage ist die, ob der gewöhnliche nach dem Muster der Physik gebildete Begriff mechanischer Verknüpfung für das volle Verständnis der Lebenserscheinungen ausreicht. Nach Lotze genügt er in der That weder

---

3) Kr. d. U. S. 265 u. a.

auf organischem, noch auf dem sogenannten anorganischen Gebiet. Die „tote" Materie, der „blinde" Mechanismus, aus welchem Kant sich allerdings mit Recht die eigentümlichen Lebensformen nicht glaubte erklären zu können, sie existieren für Lotze ebensowenig als für seinen grossen Vorgänger Leibnitz. Das Eine Gesetz, das Alle umschliesst, ist als solches nur eine Abstraktion, welche keine Wirklichkeit begründen kann. Man abstrahiert dabei von der qualitativen Beschaffenheit der Anwendungspunkte, deren Beziehungen zu einander eben jenes Gesetz zu regeln berufen ist.'

Hier ist nun der Ort, wo unsrer Auffassung nach Lotze zuerst über Kant hinausgeht. Wir meinen die dynamische Vertiefung, näher: die Vergeistigung des Begriffes „Mechanismus." Reale Kraftcentra sind ihm, wie wir sahen, die Atome. Inneres Leben beseelt sie, demjenigen des bewussten Daseins verwandt und vergleichbar [1]). Der gefürchtete Mechanismus erscheint nun in milderem Licht: als die, wenn man will, herzlose, scheinbar blinde Aussenseite eines durchaus innerlichen, von vernünftigen Strebungen in dem Innern der Dinge begleiteten Geschehens. Die Naturwissenschaft hat gegen eine solche Annahme nichts einzuwenden. Sie kann sie ruhig neben sich dulden. Die Weltanschauung des Gemüts[2]) aber, auf welche der Sache nach hinauskommt, was Kant in seiner Betrachtung über den Organismus ausführt, darf nach Lotze in jener Hypothese den ihr möglichen Vergleich erblicken, um die Bedenken fallen zu lassen, welche sie der Forderung mechanischer Erklärung der Lebensvorgänge entgegenzusetzen pflegt. Lotze geht aber noch einen Schritt weiter.

Die ontologische Untersuchung hatte dahin geführt, als

---

[1]) Den Vorwurf des Hylozoismus würde Lotze wahrscheinlich — wenn er ihn überhaupt fürchtete, mit der Berufung auf den Umstand abgewiesen haben, dass er aus dem lebendigen Innern der Dinge nichts unmittelbar hervorgehen lassen, d. h. „erklären" will.

[2]) vgl. Mikr. I Einl.

Urbestandteile der Wirklichkeit eine Vielheit wirkungs- und leidensfähiger Elemente anzunehmen. Jetzt galt es, nach dem zureichenden Grunde zu fragen, welcher die Bürgschaft und die Nötigung enthielte, dass jene in ihrem Fürsichsein gegeneinander von Hause aus gleichgiltigen Elemente überhaupt in ein Verhältnis der Wechselwirkung treten. Nicht blosses Dasein, sondern nur das Beschlossensein in einem einzigen unendlichen Wesen, dessen innerlich gehegte Teile sie sind, konnte die vielen „Realen" veranlassen, Beziehungen auszutauschen. Was in dem Innern der **Dinge** zu geschehen scheint, geschieht thatsächlich in dem Einen, dem **Absoluten**, dessen vereinigende Regsamkeit aller scheinbar „nur" mechanischen Wechselwirkung zu Grunde liegt. Mit diesem Postulate schliesst die Metaphysik **Lotzes**.

Nicht erst, wie **Kant**, im Interesse der besonders bedeutsamen organischen Formen, m. a. W. nicht so sehr im Namen der (übrigens nicht nachweisbaren) allgemeinen **Zweckmässigkeit**[1]), als vielmehr in demjenigen der allgemeinen **Gesetzmässigkeit**, im Namen des **Mechanismus selbst** fordert Lotze eine vernünftige Einheit als tragenden Weltgrund. Mit Recht werden wir auch hierin in gewissem Sinne einen Fortschritt über **Kant** hinaus erblicken. Und doch, wir brauchen nicht erst auf die beiden Vernunftkritiken zurückzugehen, um bei **Kant** selbst zum mindesten bedeutsame **Ansätze** zu einer Metaphysik im Sinne Lotzes zu finden.

Das, wofür Lotze Realität fordert, wenn irgend etwas wirklich sein soll, — was ist es im Grunde Anderes, als der positive Hintergrund des Kantischen Denkens, — der „**metaphysische Glaube**", der auch den kritischen Philosophen nie verlassen hat[2])? Das „übersinnliche Substrat der Natur", das „einheitliche Prinzip, in welchem Teleologie und

---

1) vgl. die Worte in Metaph. S. 458: „gar kein Weltlauf, weder ein harmonischer noch ein unharmonischer u. s. f.

2) vgl. Paulsen, J. Kant, 1898, in Frommann-Falckenbergs Klassikern der Philosophie, und Falckenberg, Geschichte der neueren Philosophie 3. Aufl. S. 295, S. 343 f.

Mechanismus in Eins zusammenfallen", die „intelligible Welt" des „Ding an sich" (die Welt der Causalität durch Freiheit), deren Erscheinung die wahrnehmbare Welt und deren Glieder dieselben Wesen als noumena sind, die als phaenomena der Welt des Mechanismus, der Naturnotwendigkeit angehören: — diese letzten „notwendigen" Gedanken Kantischer Erkenntnistheorie, auf welche der Philosoph in der Kritik der Urteilskraft, d. h. im Zusammenhang der Untersuchungen über die Grenzen der **Naturwissenschaft** gleichsam nur verstohlen hinweist [1]), bilden bei Lotze die feste metaphysische Grundlage, auf der nun weitergebaut wird. Dass wir aber auf der neugewonnenen Basis Lotzescher Naturanschauung nicht nachträglich doch eine **Teleologie** im engern Sinn erwarten dürfen, liegt auf der Hand [2]). Auch Kant hat eine solche trotz seiner „regulativen Prinzipien" nicht gelehrt. Im Gegenteil, eben nur einen regulativen, keinen konstitutiven Gebrauch gestattet nach Kant (und Lotze) das gefundene (Kant: das problematisch angenommene) Einheitsprinzip. Es ist keine „gegebene" Grösse, mit der wir naturwissenschaftlich rechnen könnten [3]); der konkrete Inhalt des höchsten Grundes, den wir annehmen müssen, ist uns unbekannt. Wir können infolgedessen auch nichts aus ihm ableiten. Nur eine „teleologische Beurteilung", eine „regressive Interpretation", d. h. eine Zurückdeutung des Mannigfaltigen auf seine übersinnliche Quelle ist uns erlaubt und bis zu einem gewissen Grade möglich. Freilich, mit rein metaphysischen Mitteln wird diese ideelle Deutung [4]) der Welt der Erscheinungen nicht vollkommen erreicht werden. Zu dem ontologischen Begriffe des geistigen Weltgrundes (Kant: des übersinnlichen Substrates

---

1) vgl. dazu die treffenden Bemerkungen Goethes über die K. d. U. in Werke (ed. Cotta) Bd. XIV S. 437 f.
2) Mikr. II. S. 10 f.
3) gegeben ist nur der Mechanismus, in den sich jenes Eine selbst „verwandelt hat."
4) vgl. übrigens Allg. Phys. S. 50 ff. über das Verhältnis von teleologischer und allgemein idealer Naturdeutung.

der Natur) muss das ethische Postulat eines höchsten Gutes¹) (Kant: eines Endzwecks der Natur) hinzugenommen werden. Was für die wissenschaftliche Erklärung im Einzelnen ein methodologischer Fehler ist, für die Beurteilung (Deutung) der Welt als Ganzes wird es zu einer notwendigen Maxime der wertempfindenden Vernunft²) (Kant: der reflektierenden Urteilskraft): — nämlich, dass in dem was sein soll, der Grund und die Erklärung für das was ist³), in der Welt der Werte der Schlüssel zum Verständnis der Welt der Gestalten liege⁴). Nur dass der höchste Wert (Kant: der Endzweck im Reich der Zwecke), das „Seinsollende" nicht mit dem verwechselt werden darf, was selbst nur Mittel zum Zweck sein kann. Dem von Kant als Selbstzweck hingestellten sittlichen Handeln endlicher Wesen kann nach Lotze nicht die Apodiktizität des Daseins zugestanden werden, wie sie nur dem absoluten Gotteswerte zukommt. In Ihm, dem Unendlichen, allein ist das Verhältnis des Idealen und Realen dasjenige der Identität; in allem Endlichen ein Verhältnis von teleologischem Nexus⁵), eine Aufgabe, ein Ziel dem nachgestrebt, das aber hier nie völlig verwirklicht werden kann. Auf dies höchste Gute, welches für uns⁶) die Gestalt eines zu verwirklichenden Zweckes annimmt, auf dies Eine das Aller Welt Anfang und Ziel⁷), werden wir in letzter Linie alle Wirklichkeit zurückzudeuten haben. „In der Ethik liegen die Wurzeln der Metaphysik" — ja Lotze bekennt sich offen zu dem im Prinzip schon bei Plato vorhandenen Glauben, dass schliesslich auch die Sätze der Mathematik und Mechanik nur die letzten formellen Ausläufer der (thätigen) Idee des Guten sein werden⁹). Ein Glaube ist es, den

---

1) Mikr. III S. 609 vgl. Enc. S. 118 f. 292.
2) Mikr. I S. 273 f. — 3) Mikr. I S. 442.
4) vgl. Metaphysik 1841 S. 325, Metaph. 1879 S. 604.
5) Kl. Schr. Bd. II a. a. O. — 6) Mikr. III S. 610.
7) Metaph. 1879 S. 604.
8) Metaph. 1841 S. 113 vgl. Streitschr. S. 54.
9) Mikr. I Seite 447, III S. 620, vgl. Allg. Phys. S. 163.

Lotze hier, am Schlusse des Mikrokosmos ausspricht. Werden wir es ihm verargen, wenn er, darin mit Kant einig, diesen Glauben, der ihm das Gewisseste enthält was es geben kann, doch nicht in Wissenschaft zu verwandeln wagt? Noch einmal, keine Ableitung aus dem höchsten Grunde, nur eine regressive Interpretation — wir dürfen jetzt genauer sagen: keine Naturteleologie, sondern Ethikoteleologie! So lautet die Kant und Lotze gemeinsame Wendung am Schlusse ihrer Naturbetrachtung. Der Unterschied in der Fassung des Begriffes des höchsten Gutes, welches bei Kant auf das Gebiet des sittlichen Handelns beschränkt wird, — die bei ihm fehlende oder doch nur lose Beziehung des ethischen Endzwecks zu dem übersinnlichen Grunde der Natur wird jedem Versuche einer künstlichen Zusammenbiegung Kantischer und Lotzescher Teleologie von vornherein entgegen zu halten sein. Uns genügt die Thatsache, dass bei beiden Denkern die **Zweck- oder Wertbetrachtung als Abschluss eines Weltbildes gefordert wird, welches in seinen Einzelheiten mechanischer Erklärung überlassen bleibt.**

Wir brechen hier ab, um zu der Frage zurückzukehren, die wir uns am Anfange dieses Kapitels stellten.

Wenn man seinerzeit „Rückkehr zu Kant" forderte: Lotze bedurfte dieser Rückkehr nicht. Er hat sich nie ernstlich von den bleibenden Grundlagen Kantischer Weltanschauung entfernt.

Vielleicht könnte man auch auf die Punkte, in denen Lotze, wie wir glauben, über Kant hinausging, das Wort Windelbands anwenden: „Kant verstehen heisst über ihn hinausgehen" — sagen wir lieber, den ganzen Kant wird nur verstehen, wer die positiven Elemente seiner Philosophie über den kritischen nicht ausser Acht lässt. Jene sind in der That einer Weiterbildung fähig. Wir behaupten nicht, dass Lotzes Metaphysik die Form sei, in der diese Fortbildung zu erfolgen hätte. Nicht frei von mannigfachen inneren Widersprüchen und unaufgeklärten Dunkelheiten[1]) ist der kühne Monismus, welchen Lotze dem erkenntnistheoretischen Dualismus Kants gegenüberstellt. Was sie beide wollten, war eine **idealistische Weltansicht auf realistischer Basis**. Dass diese Synthese möglich ist, hat Lotze mit der geschulten Kraft des modernen Forschers und dem zusammenschauenden Blick des Künstlers um vieles reicher und schöner, aber doch wohl nicht wesentlich tiefer zum Ausdruck gebracht als der vorsichtige Kritiker der reinen Vernunft. Unter Verwertung **vorkantischer** Gedanken, die jedoch dem kritischen Philosophen keineswegs fremd waren[2]), hat er die „regulativen Ideen" Kants, wenn wir so sagen dürfen, aus ihrer Jenseitigkeit uns menschlich näher gebracht, und in weiterem Sinne als jener erfüllt, was Kant wollte: die Unterordnung der mechanischen unter die teleologische Naturbetrachtung[3]).

---

1) wir rechnen hierher vor allem das Verhältnis der einzelnen „Realen" zu dem Unendlichen, das seinerseits allein wahre Wirklichkeit haben soll; der Notwendigkeit des mechanischen Naturlaufs zu der freien Lebendigkeit der geistigen Atome; den von Lotze nicht gelösten Widerspruch zwischen der prinzipiell festgehaltenen und doch wieder bestrittenen „Wechselwirkung".

2) wir meinen die Leibnitzische Monadenlehre. Der Fichtesche Ethizismus, welchen Lotze gleichfalls erneuert, weist ja auch unmittelbar auf Kant zurück.

3) eine teleologische Naturerklärung gibt es weder für Lotze noch für Kant. Wir brauchen darauf hier nicht zurück zu kommen.

Schlussfolgerungen.

Fassen wir kurz zusammen, was wir als gemeinsamen Ertrag aus den von uns verglichenen Ansichten Kants und Lotzes für die Gestaltung des Verhältnisses von mechanischer und teleologischer Naturerklärung — allgemeiner gesagt [1]) von Philosophie und Naturwissenschaft bezeichnen können.

1. „Teleologie und Mechanismus" — ideale Deutung und kausale Erklärung der Natur schliessen sich nicht aus sondern ein. Mag man sich die Versöhnung beider scheinbar widersprechenden Prinzipien mehr im Sinne Kantischer Erkenntnistheorie oder Lotzescher Metaphysik denken: — nicht als gleichberechtigte Methoden, sondern als gleichnotwendige Betrachtungsweisen werden wir sie anzusehen haben.

2. Darin waren Kant und Lotze einig, und daran braucht sich keine noch so idealistische Weltanschauung zu stossen: wissenschaftliche Erklärung der Natur bedeutet immer nur Ableitung der in ihr auftretenden Veränderungen aus physisch-mechanischen Ursachen.

3. Wenn sich die empirische Wissenschaft mit Recht der teleologischen Reflexion als eines heuristischen Prinzips bedient, wenn namentlich die Physiologie [2]) nicht umhin kann, nach dem Zweck der einzelnen Lebensorgane zu fragen (auch die Behauptung der „Dysteleologie"[3]) für die rudimentären Organe hat nur einen Sinn, wenn man Zwecke voraussetzt bezw. erwartet) — so wird sie doch nie vergessen, dass die Angabe eines Zweckes noch keinerlei Aufklärung über die Natur der Ursache (den Hergang der Verwirklichung des Mittels) enthält.

In der Anwendung teleologischer Ausdrücke, wie z. B der „Sparsamkeit" der „Vorsorge" der „Weisheit" der Natur und ähnlicher Metaphern wird sich die Wissenschaft keinen

---

1) vgl. die Einleitung. — 2) vgl. Lotze, Allg. Phys. S. 51.
3) der ungriechische Ausdruck stammt von Häckel, a. a. O.

pedantischen Zwang auflegen. Wer dies von ihr verlangen wollte, müsste folgerecht auch verbieten, z. B. in der Biologie von „Entwickelung" zu reden, anstatt einfach kausal nur von einem (allmählige Vervollkommnung bewirkenden) Wechsel von Ereignissen oder Zuständen.

Dagegen dünkt uns der oft bei darwinistischen Schriftstellern anzutreffende Sprachgebrauch, wonach diese oder jene Eigenschaft aus dem Nutzen, den sie für die Gattung habe, „erklärt" wird, zum mindesten nicht sehr glücklich den bösen Schein zu vermeiden, als handle es sich um die gerade dort so sehr perhorreszierte „Erklärung aus Endursachen".

4. Um die Notwendigkeit einer irgendwie teleologisch bestimmten idealen Deutung des Naturganzen wird keine philosophisch geschulte Naturbetrachtung herumkommen, sobald sie die letzten Prinzipien alles Seins, die letzten denkbaren Ziele alles Werdens angeben soll.

Ebenso gewiss aber ist, dass die Naturwissenschaft in der Erklärung (Ableitung) des Besondern die Mitwirkung metaphysischer Gedanken fernzuhalten hat, jedenfalls vollständig ohne sie auskommen kann. Die glänzenden Erfolge naturwissenschaftlicher Forschung unseres Jahrhunderts, welche ohne Zurückgreifen auf die letzten Prinzipien errungen worden sind, liefern den Beweis dafür.

Auch bei der wie uns scheint notwendigen Vergeistigung des Begriffes Mechanismus wird daher die methodologische Erwägung unbedingt empfehlen, in dem noch nicht durchschauten, scheinbar Unerklärlichen eher eine neue Kombination der allgemeinen Wirkungsgesetze als eine völlig neue Ordnung der Dinge zu vermuten. „Praeter necessitatem non multiplicanda naturae principia" (Newton).

5. Inbezug auf die Theorie Darwins, in welchem übereifrige Verehrer des genialen Forschers nicht nur den von Kant vergeblich gesuchten „Newton des Grashalms"[1], sondern die Weisheit schlechthin gefunden haben wollen, ist Folgendes zu bemerken.

---

1) Häckel, a. a. O.

Als „mechanische" Hypothese über den Ursprung der jetzigen Lebensformen kann dieselbe allein durch den Erfolg bestätigt oder gerichtet werden, d. h. sie wird sich solange und in so weit behaupten können, als sie besser als andre Hypotesen zur Erklärung der Lebenserscheinungen sich tauglich erweist. Die Philosophie hat weder an dem Siege noch an einer etwaigen Niederlage jener Theorie wesentliches Interesse. Doch wird sie zugeben können, dass die Entwickelungslehre zum mindesten den einen Vorzug hat: sie erleichtert uns das kausale Verständnis der komplizierten organischen Bildungen, indem sie in Geschichte verwandelt, was als mit einem Schlage fertiges Naturereignis allerdings schwer verständlich und unwahrscheinlich bleibt. Ist doch das individuelle Leben der feststehenden Typen auch heute noch, sowohl was die Entstehung als die Erhaltung desselben betrifft, an das Gesetz allmähliger und teilweise im Kampfe, jedenfalls aber in engem Anschluss an Umgebung und Abstammung sich vollziehender Entwickelung gebunden.

Im Ganzen dürfte, methodologisch angesehen, die negative Seite der Darwinschen Theorie (mechanische Auslese), in Verbindung mit der Lehre von dem Einfluss der Umgebung sowie der Vererbung erworbener Eigenschaften, als die eigentliche wissenschaftliche Hülfshypothese der Entwickelungslehre zu gelten haben.

Ob und wie vieles gerade in der Weiterbildung Darwinscher Gedanken rein philosophischen Ursprungs ist, wagen wir nicht zu entscheiden. Thatsächlich ist Häckels vielgerühmter „Monismus" ein ebenso metaphysisches Prinzip wie die Teleologie der alten Schule, eine a priori-Philosophie, die über den Weg, den der Naturlauf zu nehmen habe, ebenso apodiktisch verfügt, wie die kosmologische Dialektik Hegels.

6. Philosophie und Naturwissenschaft haben beide nicht Wirklichkeit zu machen, sondern zu begreifen. Während jene die letzten Voraussetzungen alles Seins zu suchen hat, fällt der Naturwissenschaft die engere Aufgabe zu, das Ge-

gebene in seinen endlichen Zusammenhängen zu erklären. Nichtgegebenes darf sie daher auch nicht als Erklärungsprinzip in die Forschung aufnehmen.

Abzulehnen sind also alle diejenigen naturwissenschaftlich seinsollenden Theorieen, welche durch Metaphysik Physik verbessern wollen [1]) beziehungsweise Lücken der wissenschaftlichen Erkenntnis durch metaphysische (teleologische) Hypothesen glauben ausfüllen zu müssen.

Mit dem gleichen Nachdruck werden wir uns aber gegen die Behauptung des naturwissenschaftlichen Materialismus zu verwahren haben, dass Metaphysik als solche unmöglich sei. Wohl ist sie möglich nur für den, der sich das Auge nicht gewaltsam vor der Thatsache verschliesst, dass wahres Sein und geistiges Sein gleichbedeutend sind.

---

1) hieher gehören sowohl E. von Hartmanns Lehre vom Unbewussten als A. Schopenhauers Lehre vom Willen in der Natur.

Lebenslauf.

Ich, Otto Heinrich Frommel, evangelisch-lutherischer Confession, bin geboren zu Karlsruhe in Baden am 13. November 1862, als ehel. Sohn des damaligen Stadtpfarrers, späteren Berliner Hofpredigers und Militäroberpfarrers, Consistorialrats Dr. theol. Emil Frommel und seiner Ehefrau Amalie, geb. Bähr. Die Schule besuchte ich in Barmen (Wupperfeld) und Berlin, woselbst ich im Jahre 1881 auf dem königl. Französischen Gymnasium das Zeugnis der Reife zur Universität erhielt. In Berlin bestand ich auch nach Vollendung des theologischen Studiums auf den Universitäten Neuchâtel (Schweiz), Erlangen, Greifswald, Berlin im Jahre 1889 die Prüfung pro ministerio und erhielt gleich darauf Anstellung als interimistischer Hülfsprediger an der Berliner Garnisongemeinde. Seit 1890 als Hülfsprediger an der Friedrich-Werderschen Kirche angestellt, wurde ich im Herbst d. J. 1891 durch Allerhöchste Ordre als Prediger an die kaiserlich deutsche Botschaft in Rom berufen. Im Herbst vorigen Jahres (1897) verliess ich die römische Stellung, um mich, mit Urlaub seitens der kirchlichen Behörde, zur Kräftigung meiner Gesundheit sowie zur Wiederaufnahme früherer philosophischer Studien nach Erlangen zu begeben. Mit der Promotion zum Doctor philosophiae sollten diese Studien ihren vorläufigen Abschluss finden.